POEME

PHILOSOPHIC

DE LA VERITÉ DE LA PHISIQVE MINERALLE,

OV

Sont refutees les obiections que peuuent faire les incredules & ennemis de cet Art. Auquel est naïfuement & veritablement depeinte la vraye matiere des Philosophes.

Par le Sieur de NVISEMENT, *Receueur general du Comté de Ligny en Barrois.*

DEDIE'
A TRES-HAVT, TRES-PVISSANT, & Tres-Vertueux Prince, Monseigneur le Duc de Lorraine & de Bar, &c.

A PARIS,
Chez IEREMIE PERIER & ABDIAS BVISARD, à la place Dauphine, prés le Palais, au Bellerophon.

M. DC. XX.

Auec Priuilege du Roy

AVX LECTEVRS.

Algré les flots émeuz par l'ignorante rage,
Et l'obscur tourbillon par l'enuie excité;
Quiconque aura pour Nord l'astre de verité,
Singlera de tous vents afranchi du naufrage.

Si i'ay veu par Vanguelle, auec vn grain de poudre
Douze gros d'argēt vif sās fraude en or muez:
L'orgueil des vains discours de raisōs desnuez
A desmētir mes yeux me feroit il resoudre?

Montdoucet noble & docte, en probité insigne,
Fut exacte recors de ce diuin effect;
Qui par l'experte main du vieil Girout fut fait
Sās que d'en aprocher Vāguelle feist nul signe.

Si du plomb calciné, extraict de bonne veine,
De l'or (mais sans profit) ie tire tous les iours:
Ceux qui font cōtre l'art tāt d'insolēs discours
Sont ils pas cōuaincus de presomption vaine?

Discours audacieux que fol penser médite,
Et qu'opinion fausse en public va semant:
Puis que vous afirmez que la verité ment,
Partez vous pas d'vne ame impudēte & maudi-(te?

Vos Auteurs desormais feront mieux de se taire,
Qu'aller aueugles nez des couleurs babillant:
Ce sōt vrais charlatās, puis qu'ils vōt habillāt
Du pourpre de raison vn erreur populaire.

D'impatiente ardeur procede leur furie;
Car esperant d'abord leurs desirs contenter,
Premier que conceuoir ils veulent enfanter,
Exerçant la pratique auant la theorie.

Nos maistres ont sceu l'œuure auāt que l'auoir faite.
Le bon Treuisan mesme ose persuader
Qu'il en eut par l'estude auant se hazarder,
L'espace de deux ans cognoissance parfaite.

Voire qu'en cet espace il eut libre acointance,
A quinze, mis au rang des eleuz bienheureux
Qui l'auoient accomplie, & parloit auec eux
Comme leur cōpagnon, maistre en cette sciēce.

Il faut qu'vne lecture à la sienne semblable,
Ioigne par vn seul point les lignes des auteurs:
Puis cōparant les dits des vrais & des mēteurs
Discerner prudemment le faux du veritable.

La peinture plus noble, est celle qu'en idee
Le docte peintre esbauche au blāc de son esprit:
Le poëte a son poëme en l'intellect escrit,
Premier que par sa main la plume soit guidee.

Pour voir du vray l'image, ains la verité mesme,
Et l'idole du faux, sous visages diuers
Opposez l'vn à l'autre, on doit lire ces vers:
Car l'vne & l'autre est viue au marbre de ce poéme.

A TRES-HAVT, TRES-PVISSANT, ET TRES-VERTVEVX PRINCE MONSEIGNEVR LE DVC DE LORRAINE ET DE BAR. &c.

ONSEIGNEVR,

Si par quelque consideration humaine on a souuent excusé ceux qui se sont énamourez de beautez à eux inconnües, au seul recit de leurs perfections: Et si la passion ainsi legerement conceuë a peu d'vn mouuemēt violent emporter ces amants iusques à l'extremité de prodiguer leurs vies pour la gloire de tels obiects imaginaires: Qui me pourra iustement dire indigne de pardon, si rauy par ma veuë ie suis deuenu amoureux d'vn subiect non commun, voire tant admirable en toutes ses parties, qu'il est bien permis du Ciel à pluſieurs d'en imaginer l'excellence; Mais à fort peu de la comprendre? Or comme ces vieux Paladins euſſent degradé de l'Ordre de Cheualerie celuy qui euſt veu offenſer ſa Dame, ſans employer ſes armes à la deffenſe de ſon honneur ; Ie croirois meriter la meſme honte, ſi coulpable du meſme crime i'auois, en me taiſant, approuué les blaſphemes proferez en public contre la Vierge que ie ſers par vn preſomptueux Sophiſte; qui iettant de dépit aux orties le blanc & candide froc des Philoſophes, s'eſt voulu acquerir rang honorable entre les doctes, en contrefaiſant l'Ariſtarque; & de la Ponce de certains vers maigres & mal limez, eſſayant d'effacer du liure de vie le nom de cette Nimphe, & de tous ceux qui l'ont aymee. Le vif reſſentimēt de cette iniure a donc tellement desbordé mon fiel, qu'en l'excés d'vne impatiente & trop legitime douleur i'ay voué a cette belle, & aux Manes de tant de glorieux Heros qui l'ont idolatree, de venger leur commun affront; & d'oppoſer aux armes friuoles dont ils ſont ignoramment ou malicieuſement attaquez, les nues naïfuetez de mes conceptions; forgees de la plus pure & mieux trempee eſtoffe de cent autheurs illuſtres, à qui ie doy l'honneur de mon penible apprentiſſage. Et d'autant qu'Apollon, comme Prince de ma naissance, destina mon aage au seruice des Muses (qui iamais ne m'ont desnié l'entree de leur Sanctuaire) i'ay bien voulu en requerir la benediction; & prendre dans leur sacré Arsenal les mesmes bastons dont l'ennemy s'estoit seruy. Auec lesquels i'estime l'auoir reduit à tel poinct, qu'il ne se hazardera iamais de retourner sur les rangs, pous y quereller auec moy les lauriers de cette victoire : non plus que l'honneur des bonnes graces de vostre ALTESSE, si par le prix d'vne sincere & feruente deuotion elles se doiuent acquerir. Elle receura donc, s'il luy plaist,

Monseigneur, l'histoire de cette guerre philosophique, auec l'inuiolable vœu d'vne perpetuelle fidelité, que luy dedie

Son treshumble & tres-
obeyssant seruiteur,
DE NVISEMENT.

SONNET.

DEssus le double mont consacré aux neuf Sœurs,
Les Lauriers, peu cueillis, trop espais de brãchage,
Estouffent maintenant d'vn suffoquant ombrage,
Le parfum & l'esmail des immortelles fleurs.

Vn milieu d'amants aspirans aux faueurs
De ces neuf Deitez, y vont leur faire hommage;
Sans qu'à peine vn seul touche à ce sacré fueillage,
Qu'elles donnoiẽt aux vieux pour prix de leurs labeurs.

Cette tourbe vsurpant le sainct nom de Poëtes,
(Nom sans plus conuenable aux diuins interpretes)
D'vne Ryme sterile emplit tout l'vniuers:

Les vieux chantoient en vers des Dieux l'essence pure;
Les merueilles des Cieux; les secrets de Nature:
Ceux cy ne chantent rien, font-ils donques des vers?

POEME PHILOSOPHIC DE LA VERITE DE LA PHISIQVE MINERALLE.

IE parle aux entendus : esloignez vous prophanes.
Car mon ame s'esleue aux plus secrets arcanes:
Pour d'vne main diuine humainement tracer
Mille traits que mille ans ne pourront effacer.
Fille de ce grand Roy qui l'vniuers tempere;
Royne vnique du monde, vniuerselle mere;
Alme, & saincte nature; animez la clameur
Qu'en vostre hõneur i'eslãce encore vn sot rimeur:
Qui d'vn ongle enuieux égratignant Minerue,
Pour deshonorer l'Art, tasche à vous rendre serue.
Fille de l'Ocean, feconde Deité,
Des Dieux & des humains la douce volupté;
Et vous Roy de Lemnie, aydez à la vengeance.

Et puisque cet Impie en commun vous offence,
Qu'Apollon & sa sœur de moy ne soient distraits
Que l'vn prette son arc, l'autre prette ses traits:
Pour descocher mon ire aussi dru sur sa teste
Que chet sur l'Apennin la grelleuse tempeste.
Et vous courrier aellé de ces Dieux le soucy,
Comme leur guidedance assistez les aussi.
Castaliennes sœurs, neuuaine docte & belle,
Du Monarque des Cieux la semence immortelle;
Quittez pour m'assister contre cet orgueilleux,
De vostre sacré mont les sommets sourcilleux,
La source Aganipide, & l'argent vif qui coulle
D'Eurothe, de Permesse, & de Dircé qui roulle
Ses flots entrebrisez par les prez fleurissans,
Chaque soir refoulez de vos pieds bondissans,
Au son du Luth doré que vostre frere touche,
Compagnon des accents de sa profonde bouche.
Si i'eu part des l'enfance à vos sainctes faueurs,
Souflez dans mes poulmons vos diuines fureurs.
S'il abonde en discours, qu'en sentences i'abonde:
Et s'il blaspheme en vers, qu'en vers ie le confõde.
Ainsi de vos lauriers l'auguste sommité
Braue les ans, la foudre, & la fatalité.
Car biẽ qu'en mõ courroux d'attaquer il me fasche,
Vn esprit si volage, un courage si lasche;
Qui blasmant indiscret ce qu'il a plus loué,
Qui deshonorant l'Art où il s'est plus voué,

Aussi douteux du faux comme du veritable,
De ses vers & de soy fait vne maigre fable.
Bien que le papier rouge en maint lieu soit farcy
De son nom que maint crime a sallement noircy;
Et qu'apres le trafic d'vne vie affronteuse
La iuste peur le force à la fuitte honteuse;
Ie veux ce temeraire au combat appeller,
Et son outrecuidance en public reueller;
Afin qu'en l'eau d'oubly le plomb de mes parolles
Face faire naufrage à ses escrits friuolles.
Donc, Marsye nouueau, fol calomniateur,
De l'Art & de Nature ignorant contempteur,
Oses tu bien souiller auec tes vers barbares
La candeur des escrits de tant d'esprits si rares,
Qui brillans des rayons de la diuinité
Ornent comme Soleils la saincte antiquité;
Esperant par tes cris (victime hiperboree)
Abollir vne chose en tout siecle honoree?
Tu n'es point philosophe, & tu veux toutesfois
Cette Royne des Arts esclauer sous tes loix.
Lors que tu fis ton cours ce fut à toute bride,
Car tu n'as argument ny subtil ny solide.
Ton babill releué d'vne ostentation
A pour tout fondement l'aueugle opinion
Du vulgaire imbecile, à qui rien n'est croyable
Sinon ce que l'vsage a prouué veritable!
Accablant du fardeau d'impossibilité

Tout ce que n'a compris son incapacité.
Tu dis qu'au long circuit de mille experiences
Tu as perdu ton temps, ta peine, & tes despences:
Que tu en as veu mille & mille qui leur bien
Par vn mesme desastre ont conuerty en rien:
Est-ce vn ferme argument, est-ce vne consequence,
Que de l'Art ignoré fauce soit la science?
Combien ont prodigué leurs moyens & leurs iours
A chercher curieux les incognus retours
Du mouuement de soy? Combien cherchent encore
La carrure du cercle? & si on les ignore
Est-ce vn poinct asseuré pour maxime receu
Qu'Archimede & Euclide oncque n'y ont riẽ sceu?
Il ne faut pas au pied de l'humaine ignorance
Mesurer les secrets de la nature immense.
Elle est tant infinie en sa diuersité
Qu'il faut pour la cognoistre vn aage illimité.
Les ans d'Arthephius, voire de Pithagore
Les trois siecles conioincts ny suffiroient encore.
Mais, dy moy, qui eust meu tāt d'illustres docteurs,
De Rois, & d'hōmes saints, d'escrire en imposteurs?
Hermes le trois fois grand à qui est deu l'vsage
Des sept arts liberaux garentis du naufrage,
Qui premier dans sa table a cet art insculpé,
Fut-il sçauant pippeur, ou ignorant pippé?
Geber dont l'Arabie encor se glorifie,
Que pour son haut sçauoir presque l'on deifie,
Grand Roy, grand Philosophe, eust-il voulu mẽtir,

Aux despens de sa gloire, & lasche consentir
A diffamer son sceptre, & à souiller son ame
D'vn acte scelerat, digne d'eternel blasme?
Morien, dont la vie austere a merité
Le tiltre que l'on donne à sa grand probité
De bon & de sainct homme, auroit-il eu enuie
D'obscurcir en mentant le lustre de sa vie?
Et ses doctes escrits citez en tant de lieux
Seroient-ils bien sortis d'vn cœur malicieux?
Ce grād Thomas d'Aquin que S^t. nous tenōs estre,
Si les autres mentoient est des mēteurs le maistre:
Car il escrit comme eux qu'il a sceu, veu, & fait,
Ce diuin Elixir qui les metaux parfaict.
Et tant d'autres auteurs dont les celebres plumes
Ont escrit en cet art vn monde de volumes,
Que tu vas, Iuge faux, condamnant follement,
Parce qu'ils vont passant ton foible entendement?
Et que ton fresle esquif, où l'ignorance est peinte,
Ne fut iamais fretté pour voguer vers Corinthe:
Supposant que ces noms d'hommes tresrenommez
Qu'ont au front tant d'escrits par le mōde semez,
Sont autant de gluaux que l'humaine malice
Tend aux esprits pippez du sifflet d'auarice.
Pippeur, tu ne sonnois cette feinte chanson
Quand tu proposois l'œuure au grād Duc d'Alēçon:
Comme pouuant par elle à l'Empire pretendre,
Faisāt ses marchepieds d'Angleterre & de Flādre.
Qu'importe au vin le tiltre ou de Beaune ou d'Ay,

Quand il est excellent? Vn liure est-il hay
Pour estre sans autheur, quand il est veritable;
Et que sa verité au monde est profitable?
Celuy qui d'vn œil fixe & d'vn esprit tendu
Penetrant leur escorce à leur style entendu;
Iuge la verité d'eux & de leur science
Par le flambant esclair de leur correspondance.
Or sus, entrons en lice, & de methode & d'art
Pour combatre à outrance, arborons l'estendart
De ce grãd prince Hermes; pour voir à qui la gloire
A desia consacré les palmes de victoire:
Ma trop iuste querelle & mon desir bouillant
Sous vn auspice heureux me font estre assaillant.
Dieu, essence premiere, Eternel, impaßible,
Inuisible, infiny, incompris, indicible,
Fut auant toute chose. Et en luy seul estoit
Tout, par l'estre ideal que seul il proiettoit.
Pour principe actuel du bastiment du monde
Il feit vne substance en substances feconde.
Qu'essence pure & quinte aucuns vont appellant,
En qui toute nature il alla recelant.
Par luy cette substance en trois fut diuisee;
Et de la part plus pure au mesme instant puisee
La nature angelique, & le corps glorieux
Du haut Ciel empiree, habitacle des Dieux.
Puis de la part seconde vn peu moins precieuse
Il feit du Firmament la rondeur spacieuse;
La Lune, le Soleil, & les corps radieux

Qui sa grandeur supresme attestent à nos yeux.
Et de la part troisiesme encor moins pure & mõde
Il crea quatre corps pour membres de ce Monde:
Où, pour sang il glissa cette quinte vertu
Dont par eux icy bas tout corps est reuestu.
Puis de son diuin souffle il donna la naissance
A la belle Nature infinie en puissance.
Et pour mieux l'exercer en la production
Du dessein crayonné dans son intention,
Il comprit toute Idee en sa premiere Idee:
Par qui la docte ouuriere en son progrez guidee,
De cet obiect premier conceuant tous obiects,
Au moulle paternel forma tous ses proiects.
Nature obeissante à l'effect se dispose,
Et de ces quatre corps tous autres corps compose;
En leur donnant vigueur, & vie, & mouuement,
Par l'esprit espuré du cinquiesme element,
Que des quatre premiers artiste elle alembique,
Principe & fondement de ce bel art Chimique.
Bel Art qui sa maistresse aide en la surmontant;
Et ses œuures d'vn siecle acheue en vn instant.
Bel Art qui seul à l'homme a donné cognoissance,
Comme on peut tout reduire à cette quinte essence.
Dieu donc, Nature, & l'Art, d'vnanime vouloir
Montrent l'infinité de leur triple pouuoir.
Dieu commande à Nature, & fournit la matiere:
La Nature l'informe & la met en lumiere:
Et puis l'Art polissant ce que Nature a fait,

Le vicieux corrige, & parfait l'imparfait.
Tellement que sans l'Art, qui les choses illustre,
Leurs vertus languiroiēt sans effect & sans lustre:
Car Nature ne peut par simples actions
Accomplir comme l'Art par preparations.
Et de l'Art toutefois la vertu singuliere
N'est qu'en l'amendement de la propre matiere
En qui Nature a mis ce tresor affluant
Qu'en tous corps cōposez les Cieux vont influant.
La Nature est vn ordre & puissance infaillible,
Que l'esprit incompris de l'incomprehensible
Dés le naistre du monde au monde a estably,
Pour voir d'effects diuers son dessein anobly,
Produisant, conseruant, & augmentant les choses
Que dans sa prescience il reseruoit encloses,
De toute eternité à toute eternité,
Sous l'infiny progrez d'vn proiect limité.
Et ce qu'Art on appelle est vn acte incroyable
De l'intellect humain, qui rēd l'homme admirable
En l'imitation des naturels effects,
Que souuent il corrige, & fait voir plus parfaits.
La terre aux larges flācs, du germe de ses freres
Qui de tout corps phisic sont esgalement peres,
Conçoit, nourrit, augmente, en son interieur,
L'esprit vniuersel du monde inferieur;
Qu'en blanche & fine fleur la Nature fait naistre,
Et qu'en cristal luysant l'Art nous fait apparoistre.
En sa simplicité, cet esprit general,

Triple vn,

Triple vn, est animal, vegetal, mineral,
Commencement & fin de tout corps corruptible,
Dont il est la substance & le baulme inuisible.
Mais s'il plaist à sa mere vn corps edifier,
Et qu'il s'aille glissant pour le viuifier,
Il reçoit la Nature, & le nom de la chose,
Ou par obeissance il se methamorphose.
Il anime tous corps; il les fait vegetter;
Et selon qu'il abonde, accroistre & augmenter.
C'est l'Apelle diuin, le Peintre de Nature;
Qui bigarre les fleurs de naïue peinture.
Qui sans couleur produit cent diuerses couleurs;
Et confit sans odeur cent diuerses odeurs.
C'est le Cameleon, c'est l'inconstant Prothee,
Qui reçoit toute forme & couleur presentee.
L'on auroit beau sans luy les herbes replanter;
Semer les grains en terre, & les arbres anter.
C'est luy seul qui la plante & l'arbre viuifie;
Qui la graine semee en terre putrifie;
Qui cause la naissance & la fecondité,
Selon la chaleur ioincte auec l'humidité.
En luy seul les vertus de tous les corps consistent;
Car ceux ou plus il est plus longuement persistent:
Et ceux où il est moins, comme moins animez,
Plus subiects à la mort sont plustost consommez.
La mort ne peut pourtant sa puissance destruire,
Car la vertu des corps en luy se vient reduire.

B

Il vit tres-ſalutaire ou tres pernicieux,
Suiuant l'inſtinct du corps bon ou malicieux.
Vn grain de cet eſprit, de celeſte origine,
Pris ſeul, fait plus d'effect qu'vn pot de medecine.
Car, bien qu'il ſoit en elle eſgallement diffus,
L'impure quantité rend ſon pouuoir confus;
Et la pauure nature atteinte & abbatue,
Du mal & du remede enſemble eſt combattue.
Ainſi de maints docteurs la pareſſe ou l'orgueil
Nos corps auant le terme empriſonne au cercueil.
Ce qui fait que la Parque exerce ſa puiſſance
En l'vn pluſtoſt qu'en l'autre, eſt l'impure ſemence,
Et l'aliment impur; auquel on va ioignant
Le deſordre indiſcret: Triple glaiue poignant
Dont l'impiteuſe ſœur perçant la foible trame
De nos ans mal tiſſus fait paſſage à noſtre ame.
On lit d'Artephius qu'il s'eſt glorifié
D'auoir mille ans, & plus, la Parque deffié.
Et Triſmegiſte eſcrit que le frequent vſage
De ſa grand Medecine accomplit vn long aage;
Conſeruant la ieuneſſe en ſa verte vigueur:
Et repouſſant des ans l'importune rigueur.
Le cacquet inſolent de ta langue ennemie
Blaſonne l'eſcuſſon de cette longue vie
Des couleurs d'impoſture: & deſgorgeant ſon fiel
Dit que c'eſt blaſphemer contre les loix du Ciel,
Qui a borné nos iours à ſept fois dix annees.

Mais auec tes raisons sans raison amenees,
Ie te veux demander pourquoy mille paysans
Sans aucun artifice ont passé six vingts ans?
Pourquoy le Cerf timide, & l'Aigle rauissante,
L'inutile Corbeau, la Couleuure nuysante,
Et le Serpent maudit, par Nature enseignez,
Ne sont ainsi que l'homme à briefs iours assignez?
Dieu les auroit il fait de la paste des Anges
Pour aux siecles derniers annoncer ses louanges?
On tient que l'Elephant adore le Soleil;
Et que l'Aigle luy chante vn himne à son resueil:
Mais il n'est animal, quand cet Astre l'esclaire
A chercher par les champs sa pasture ordinaire,
Et reschauffe de l'air la froide humidité,
Qui ne donne vn signal de sa felicité;
Car il n'est creature au monde si discrette
Qui estouffe sa ioye en la tenant secrette;
Mais quand le triste hiuer herisse de glaçons
Les châps & les forests, on n'oit plus ces chansons:
Chacun de dueil atteint muettement lamente
Sa pasture rauie & la chaleur absente.
O Muses qu'elle erreur pleine d'absurdité,
D'attribuer à l'homme vn poinct de deité,
Et le proclamer Roy de la terre & de l'onde,
Si priué de tous biens en tous maux il abonde:
Et si les animaux à son ioug destinez,
Auec plus de franchise & de grace estoient nez,

Contre nos milliers d'ans (insolent Aristarque)
Tu prens le fer trenchant de l'antique remarque
Des ans Egyptiens, curdis du peu de iours
Que la Lune demeure à parfaire son cours.
Mais si d'Artephius & du triple Mercure
Les ans n'estoient que mois, comme ton imposture
Vomit contre l'honneur de cet Art sans pareil,
Ils n'auroient pas cent ans veu les rays du Soleil:
Et chetifs trop à tort ialoux de leurs fortunes
Fascherions nous le ciel de plaintes importunes.
Ceux des ciecles premiers qu'on dit auoir vescu
Depuis que du peché Adam fut conuaincu,
Sept, huit, & neuf cẽs ans, les cõtoiẽt ils par Lunes?
Leurs benedictions eussent esté communes,
Veu que plus esloignez de l'estre plus heureux,
Ils s'ẽ void parmy nous viure autãt & plus qu'eux.
Ie te laisse (ô Zoille) auec tes ans lunaires,
Pour suiure nos maieurs couronnez d'ans solaires;
Qui meus par le miracle à l'admiration,
Et puis par la merueille à l'imitation;
Considerant l'effect des vertus naturelles
Que la racine, l'herbe, & la fleur ont en elles,
Par qui les animaux de leur instinct conduicts,
Retardoient les horreurs des eternelles nuicts,
Ils feirent des Metaux la vraye anatomie;
Viuifiant par Art leur vigueur endormie;
Vigueur que prend du Ciel l'esprit vniuersel,

Eternel en puissance ; & en acte immortel.
Qui t'auroit sans ambage enseigné leur mistere,
Dont ta seule ignorance est le pire aduersaire;
Apres que de l'extase on t'auroit resueillé,
Tu te smerueillerois de t'estre esmerueillé;
Car du moindre artisan l'œuure la plus facile,
A celuy qui l'ignore est aussi difficile.
Ce qui les a fait prendre à ces corps pondereux
C'est la longue action qu'ont les Astres sur eux:
Rendant leurs elemens si bien collez ensemble
Qu'ils resistent à tout ce qui tout desassemble.
Il n'est corps si petit où cet esprit ne soit,
Qui des corps radieux l'influence reçoit:
Et tant plus la matiere est tendre & delicatte,
Et plus cette influence infuse se dilatte.
Mais ce qui dure peu ne sçauroit endurer
Ce qu'endure le corps qui peut long temps durer.
Les herbes & les fleurs en peu de iours perissent,
Et les Astres sur eux ce peu de temps agissent.
Ils ont force matiere, & de forme bien peu.
Beaucoup de terre & d'eau, bien peu d'air, point de
Voila ce qui les rẽd plus soudain perissables. (feu.
Les corps des animaux se trouuent dissemblables;
Car beaucoup mieux pourueus du pl⁹ noble elemẽt,
Comme mieux animez viuent plus longuement:
Et plus long temps repeus des viandes celestes.
Ont leur baulme plus propre aux accidẽts funestes.

Les Gemmes, pour les grands, d'excessiue valleur,
L'vne pour sa durté, l'autre pour sa couleur,
Receuant plus l'aspect des flammes immortelles,
A l'enuy pourroient estre aussi bonnes que belles;
Mais leur baulme de vie où loge la bonté
Est par la seicheresse esteint & surmonté.
Les moyens Mineraux, auortons de Nature,
Abondent plus en sel, en souphre, & en Mercure;
Et ces trois Elements dont ils sont composez,
Comme par vn long aage aux Astres exposez
Font contre certains maux des effects incroiables.
Les Metaux imparfaits beaucoup plus venerables,
Aspirant à l'Estat, comme Princes du Sang,
Semblent bien meriter de tenir autre rang:
Toutesfois leur puissance a des bornes certaines,
Par les impuritez qui infectent leurs veines:
Et parce que ces feux qui les vont animant
Influent en chacun quelque effect seulement.
Si des Astres sans plus l'ordinaire influence
Parfaict en cet esprit la supresme excellence;
Le corps qui plus long temps l'aura peu receuoir
Sera par consequent plus parfaict en pouuoir.
Et si du Ciel brillant l'estoille plus petite
A pour son influence vn pouuoir sans limite;
Le Roy des clairs flambeaux qui ce biẽ leur depart
Doit auoir la plus grande & precieuse part.
Tu ne sçaurois nier sans coulpe d'impudence

Que chacun dõne à l'or mille ans pour son enfãce;
Et que pendant le cours de sa minorité
Iupiter & Phœbus prennent l'authorité
De regir ce pupile. Or voulant qu'on descœuure
Leur puissance infinie en ce petit chef d'œuure;
Ils l'ont fait si esgal en tous ses elements,
Que l'excés impiteux des feux plus vehements
Au lieu de le destruire est sa douce pasture:
Que l'eau, la terre, & l'air, par rouille ou pourriture
Et par tout autre effort, perdroient leur action
S'ils cuidoient faire breche à sa perfection.
Si donc des elements les choses mieux formees
Sont par leurs geniteurs hors mis l'or difformees;
Qui m'osera nier que dans l'or precieux
Ces Dieux n'ayent logé le comble de leur mieux?
Et que tresiustement la voix des philosophes
A nommé l'or sans plus, l'estoffe des estoffes
Dont le sage construict son secret bastiment;
Car de l'or la semence est en l'or seulement?
Semence precieuse; esprit incomparable;
En qui Nature imprime vn effect incroyable;
Apres que le corps mort par l'art est ramené
Aux principes seconds dont premier il fut né.
Si toute la nature au Soleil est diffuse;
Si toute sa Nature il a dans l'or infuse;
L'or seul pourra donc estre vn remede à tous maux,
Guarissant la Nature en tous les animaux;

Pourueu qu'on le reduise en telle consistance
Qu'il se puisse conioindre à l'humaine substance.
Il chassera du cœur toute contagion:
Empeschera le sang de putrefaction:
Augmentera le baume & l'humeur radicale:
Maintiendra la chaleur en temperance egale:
Consommera du corps la superfluité:
Purgera du cerueau la froide humidité:
Rallumera des sens la vigueur alentie:
Et bref nous fera viure vne parfaicte vie.
Tu dis que nous naissons seulement pour mourir;
Et fuyant le trespas ne cessons d'y courir:
En ce lieu ta sentence est pleine d'ineptie,
Et ne faut pour cela le don de prophetie.
Ignorons nous que l'homme est cõme n'estant pas;
Et que le iour du naistre est veille du trespas?
Ce sont propos communs des ames plus grossieres.
Hermes illuminé des plus claires lumieres
Du Ciel & de Nature, ignoroit il qu'vn iour
Il faudroit qu'il changeast de vie & de seiour?
Il ne laissa pourtant d'enquerir & d'apprendre
Ce bel Art qui pouuoit presque immortel le rendre.
Si tu és las de viure, aleché de l'espoir
De voir vn plus beau iour, haste ton dernier soir
Comme feit Cleombrote; & ton ame immortelle
Mene au chãp Elisee vne vie plus belle. (Dieux
Pour moy i'ayme ce monde, & fais priere aux

Qu'eureux j'y puisse viure vn pauure siecle ou deux;
Puis chanter en mourant quelque himne de liesse
D'auoir peu si long temps combatre la vieillesse.
Non pourtant que j'espere immortel deuenir
Puisque ce monde mesme vne fois doit finir.
Les ans aux dẽts d'acier rongeront ma despouille,
Puis qu'ils rongẽt l'acier auec des dents de rouille.
Mais cõme on peut l'acier quelque tẽps maintenir,
Mon corps se peut vn temps par art entretenir.
L'eau tõbãt goutte à goutte en fin caue le marbre,
Et pourrit peu a peu le cœur du plus gros arbre:
Mais ce sont accidents que l'Art peut retarder
Quand on veut à couuert auec soin les garder:
Car souuent d'vn grand mur viẽt la ruyne entiere
Par l'impreueu malheur d'vne simple goutiere.
Tant plus l'ame bien née habite ces bas lieux
Plus elle fuit la terre & s'approche des Cieux;
Car du fais des pechez son dos elle descharge
Par mille charitez qu'exerce sa main large.
La fieure de Tantalle est au cœur des humains,
Ils ont des fleuues d'or qu'ils puisẽt de leurs mains
Mais quãd l'ardeur mortelle allume en eux sa rage
Ils pleignent à leur soif vn doigt de ce breuuage.
Comme si les ducats par arches entassez
Rachettoient de Pluton leurs seigneurs trespassez.
Plus que la Royauté la vie est desirable,
Et n'est à la santé nul tresor comparable.

Tu veux que nos docteurs ne ſoiēt point ignorās
De ce remede exquis, puiſqu'en leurs reſtaurans
Ils font bouillir de l'or ſuiuant l'vſage antique.
Ils ſuiuent bien la lettre & non le ſens miſtique
De leurs diuins ayeulx qui n'ont pas entendu
Que l'or par tels bouillons ſoit potable rendu.
Autāt y vaudroit mettre vn marbre, ou vn porfire,
Que ce corps dont cette eau nulle vertu n'attire.
Et ne ſont moins fruſtrez de leurs intentions
Quand ils meſlent ſa poudre en leurs confections;
Car ce que la chaleur de l'eſtomach peut cuire
Peut naturellement en Chille ſe reduire:
Mais pour l'humaine ardeur l'or eſt trop endurcy:
Et tout tel qu'on le prend on le remet auſsi.
L'or ſubſtante Nature, & luy donne allegeance
Quand il luy cōmunicque & adioint ſa ſubſtance:
C'eſt pourquoy l'Alchimiſte expert en ſon meſtier
Remet ce corps ſolide en ſon eſtre premier:
Car toute medecine excellente & louable
Doit eſtre vn ſeul fuſible, ou choſe au ſel ſemblable.
Si l'auteur des deſtins en moderant ſes loix
Auoit au moins permis qu'ō peuſt naiſtre deux fois:
Mais vn coup & non plus l'homme monte à la vie,
Qui cent fois tous les iours luy eſt preſque rauie.
L'ambition, l'orgueil, & la temerité;
Le chaut deſir d'atteindre à l'immortalité;
La bruſlante auarice, & les terreurs paniques

Que maints fols vont paissant d'humeurs melācoliques;
Exerçēt cōtre nous leur tirānique effort,
Et causent plus de morts que l'ordinaire mort.
Déesse opinion, Royne des fantaisies,
Qui peints aux cerueaux secs tes vertes frenaisies,
Logeāt l'heur & l'hōneur aux lieux plus perilleux;
Que tu produicts en nous des effects merueilleux!
Les enfers t'ont fait naistre vne Atropos seconde
Pour peupler leurs deserts, & deserter le monde.
Miserable goutteux qui vis pis qu'en Enfer,
Que te sert ce metal dans vn coffre de fer,
Ou que son riche lustre en tes meubles éclatte,
Si tu maudis ta vie en vn lict d'écarlatte?
Te vaudroit il pas mieux ce corps rarifier;
Par l'esprit tirer l'ame & la mondifier;
Puis à douce chaleur d'art facile, & possible,
Faire de ce meslange vn sel fix & fusible?
Tu aurois cet esprit qui va l'or animant;
Des imparfaits Metaux le parfait aliment:
Tu aurois l'or reduit à l'essence premiere,
Qui iamais ne retourne en sa masse grossiere.
Mais tu es faciné de tel enchantement,
Que si quelqu'vn t'offroit ce sainct medicament,
Et que ton Medecin t'en deffendist l'vsage;
Tu souffrirois plustost la Plutonique rage
Qui te tient pour ta vie en vn lit attaché,
Que voir en guarissant ton Medecin fasché.

O cher fils du Soleil comment pourroit-on faire
Pour à ton los sacré dignement satisfaire?
L'Orphee des François sur sa Lyre a chanté
Vn himne en ton honneur; mais il s'est contenté
De dépeindre ta robbe, & de proprement dire
Tes communes vertus que le vulgaire admire.
Que sa Muse pardonne à ma temerité;
Ie veux d'vn ton plus haut chanter ta deité;
Et faut bien que i'oppose aux puissantes cohortes
Qu'on arme contre toy, des legions plus fortes;
Afin que les Lauriers pour ta gloire aprestez,
Te soient cõme vainqueur sur le champ apportez:
Si que tout aduersaire apprenant la maniere
Du Parthe qui bataille en tournant le derriere,
N'ait espoir qu'en la fuitte, & craignãt tes regards
Elance à coups perdus ses inutiles dards.
Ton pere lumineux t'a remply de lumiere;
De Majesté, d'Empire, & de puissance entiere,
Sur l'œil, l'ame, & l'esprit, des auides mortels.
Autant qu'il est de cœurs, tu as autant d'Autels
Où l'on t'append des vœuz; où l'on te sacrifie,
Industrie, labeur, amour, honneur, & vie.
Tout ainsi que les Cieux n'ont tous qu'vn seul So-
Tu es vnique en terre, à ton pere pareil. (leil;
Chercher ailleurs qu'en toy ta puissance supresme;
C'est chercher le soleil ailleurs qu'au Soleil mesme;
Du serf, non du seigneur, vouloir prendre la Loy;

Et colloquer l'esclaue au trosne de son Roy.
Car de toy seul dépend leur gloire & leur fortune.
Par destin toutesfois vn d'entr'eux t'importune;
Debillitte ta force;auillit ta beauté,
Exerçant tous efforts d'ingrate cruauté:
Sans qu'il puisse pourtant ta Nature destruire.
Car ta mere pieuse au besoin sçait reduire
En leur estat premier tes membres separez:
D'vn lustre plus illustre enrichis & parez.
Bien que la bonne mere en faisant cet office,
A ses serfs,de son fils face le sacrifice.
  Mais c'est pour t'agrandir outre l'infinité:
Et tirer de ta mort leur immortalité.
Car si tu ne mourois tu ne pourrois renaistre,
Pour les rẽdre aussi grãds que grãd tu soulois estre:
Et te dire Monarque,Empereur,Roy des Rois;
Courõnant tes subiects,puis leur donnant tes loix.
  Ie vays donc attaquer l'obiection commune
Que nostre ennemy trempe au fiel de sa rancune.
Il dit que par miracle à Dieu tant seulement
Appartient le pouuoir de faire changement
D'vne espece en vne autre, & que l'Oracle antique
D'Aristote,l'afirme en sa Methaphisique:
Mais il troncque le texte,ostant l'exception
Qu'au lieu mesme il refere à la reduction
De tout corps conuertible en premiere matiere:
Et n'a iamais compris l'intention derniere

Des ſages Inuenteurs de l'Art qui va muant
En vermeil & pur or le plomb noir & puant.
Si pour faire vn moyen deux extreſmes ſe rangẽt;
Si les quatre elemens l'vn en l'autre ſe changent
Vniſſant dans vn corps leurs contrarietez;
Les Metaux tous pareils en leurs natiuitez,
Bien que quelque accident les rende diſſemblables;
Eſtant les accidens du ſubiect ſeparables,
Leur deffault naturel par noſtre Art reformé,
L'vn ſera ſans miracle en l'autre transformé.
Le Verrier fait biẽ plus, qui n'eſt ny Dieu ny Ange;
Lors que dans ſa fournaiſe en luiſãt verre il chãge
La ſoulde, la fougere, & le ſable menu,
Qui verre par Nature onc ne feuſt deuenu.
I'en puis dire vne preuue encor plus admirable,
Au vulgaire douteuſe & pourtant veritable;
Tant Nature ſe ioue en diuerſes facons:
Vn payſan m'a fait voir nombre de Limaçons,
Conuertis ſoubz leur forme entiere & aparante
En Marcaßite d'or peſamment éclattante.
Et le fameux PLATERE honneur Heluetien,
De ſon temps le plus docte & le plus antien,
Entre cent raretez dont il rendoit confuſes
Les ames qui entroient au ſeiour de ſes Muſes,
Il monſtroit vn long pieux maßiuement eſpois,
Dont le tiers eſtoit fer, l'autre tiers eſtoit boys,
L'autre tiers eſtoit pierre; & de ce cas eſtrange

Il accusoit le lieu qui la matiere change.
Ainsi le grand Albert escrit que quelques eaux
En pierres transmuoient brãches, nids, & oiseaux.
Maints Prelatz, maints Seigneurs, des Illustres de (Frãce;
Qui depuis quarãte ans ont visitè Florãce,
Attestent que le Prince a dedans son tresor
Vn clou qu'en sa presence on a changé en or,
Le plõgeant (embrasé) dans vne huille Chimique;
Dont le sage artisan desguisant la pratique,
Au Duc persuada que la peine & le coust,
Luy en deuoient oster le desir & le goust.
Qui n'a sçeu le desastre & la tragicque histoire
Du chetif Bragadin confit en vaine gloire;
Et du fol Paisserolle aussi venteux que luy,
Abusant de l'estude & du labeur d'autruy?
L'vn fut l'estonnement des sages Magnifiques,
Qui en gardent rauis les fameuses reliques:
Et l'autre de merueille attira hors de soy
Pendant Charles neufiesme & la Court & le Roy.
Vne sinistre mort fut le fruict de leur pompe;
Est il pas vray trompeur, qui soy mesme se trompe?
Croyant qu'auec la poudre ils auoient le secret,
Leur honte couronna leur orgueil indiscret.
Combien de gens d'hõneur feroient foy solemnelle
Des transmutations du Belgien Vanguelle:
Du Saxon Inderoure: Et du Cracouitain;
Qui se masquant du nom de Cosmopolitain

Voyage par le monde, auec suitte honorable.
Et pour mõtrer que l'œuure est siẽne, & veritable;
Ioint aux effects diuins les sublimes discours
Qu'il loue aux curieux qui en l'art fõt leur cours?
I'ay veu des deux premiers les deux preuues pre-
Qui ont illuminé mes cõfuses lumieres; (mieres
Et benis le premier de m'auoir conseillé;
Le second, & le tiers, de m'auoir dessillé.
O toy, qui que tu sois, vray Citoyen du monde:
Qui au monde as donné la richesse feconde
De ton esprit celeste en tes diuins escrits;
Ie t'aduoue & te nomme vn Phenix des esprits:
Puisqu'en la pureté de ton sçauoir supresme
On ne peut t'esgaller sinon auec toy mesme;
N'ayant comme les vieux, enuié tes neueux:
Aussi és tu le temple & le sainct de mes vœux.
Ce qui fait qu'auiourd'huy toute l'Escosse admire
Le valeureux & docte Alexandre Napire,
Cheuallier du grand Roy, Baron de Marquiston,
De qui le premier poil dore encore le menton;
C'est qu'outre les vertus ausquelles il succede,
(Vray fils d'vn parfait pere) il est vray qu'il possede
Comme vn don paternel hautement & en paix,
L'Elixir, & le feu qui ne s'esteint iamais.
I'ay veu fluer l'Acier ainsi qu'vne onde viue,
Alors qu'estincelant par chaleur excessiue
A la bille de souffre il estoit opposé:

I'ay veu de ce meslange vn saffran composé,
Dont vn poids mis en l'eau tellement se dilatte,
Qu'il en teint mille poids en couleur d'écarlatte:
Couleur que de l'eau claire on ne void desunir,
Ny mesme auec le temps moins rouge deuenir.
Si du souffre & du Mars l'imparfaicte tinture
Se ioinct si fort à l'eau qui n'est de leur nature,
Est-ce chose impossible à nostre or exalté,
Et fait plus que parfait presqu'en infinité,
D'espandre sa couleur dans les corps metaliques
Pour les rendre à iamais temples de ses reliques,
Puisque le patient est semblable à l'agent?
En son corps volontiers l'ame se va logeant.
Ce Docteur reuolté qui d'vne main cruelle
Impie a massacré l'Alchimie immortelle;
Et d'ongles & de dents luy deschirant le flanc,
Se teint muffle & moustache au bouillō de son sang;
Soit en Loup, soit en Asne, a beau hurler & braire,
Puisque la verité luy est du tout contraire;
Il faut que son pardon & le tien demandant,
Auec toy il s'aduoue ignare & impudent.
Le but vniuersel de la vraye Alchimie
Est d'oster aux Metaux vne impure cadmie,
Qui leur pure substance empesche en l'infectant
D'arriuer au sommet où la nature tend:
Puis ioindre en secourant leur nature affligee
Au soulfre tres-parfait leur semence purgee:

Car le plus precieux est au plus vil metal,
En semence premiere & en naissance egal.
Vne mere biẽ saine eut six enfans d'vn pere,
Dont on veid la naissance egallement prospere;
Chacun a la mamelle encor feit esperer
De voir egallement leur aage prosperer.
Contre cette esperance vn deuint pulmonique;
L'autre deuint goutteux; l'autre deuint etique;
L'autre fut graueleux; l'autre fut catharreux;
Et l'autre en sa santé parfaictement heureux.
Apollon fut enquis d'ou proceddoient ces vices;
Il en blâma le laict des impures nourrices.
Ainsi, la difference & l'imperfection
Des metaux, ne prouient que de l'infection
Des soufres corrompants, que boit le pur Mercure
Dans les impurs tetins dont il prend nourriture:
Et comme on peut guarir ces enfans affligez,
Les Metaux peuuent estre accomplis & purgez.
Lulle a voulu prouuer par argument vallable
Que l'Alchimie est vraye, & saincte, & venerable:
Disant que si le but de cet art singulier
Est faire or & argent puis les multiplier;
Qu'il faut qu'en son subiet on trouue au prealable
Or, argent, & Mercure, & vif, & vegetable:
Car, comme l'air sur tout a force d'humecter,
Et le feu d'eschauffer; L'effect de vegeter
Est dans les vegetaux: & le pouuoir supresme

De faire or & argent, en l'or & l'argent mesme.
Or tout cela se trouue au naturel subiect,
Que l'expert Alchimiste a pour vnique obiect.
L'or, l'argent, le Mercure, y viuent & vegettent;
Sous vne vile peau qu'en croissant ils reiettent.
L'or, & l'argent sont vrais; vray le Mercure aussi:
L'art qui en fait sa baze est donc vray tout ainsi.
Si l'eau d'vne fontaine, en Hongrie coulante,
Sans aucun artifice est bien si violante
Que le fer de sa forme elle rend desnué,
Puis par la seule fonte en cuiure transmué:
Si l'odeur du plomb seule arreste le Mercure
En forme de metal qui quelque fonte endure;
Apres que dans le Mars il a bouil'y neuf fois
Auec l'huille d'oliue, ou de lin, ou de noix:
Si le soufre l'arreste en masse rougissante:
Si l'Arcenic l'atache en crouste estincelante
Auec l'ayde du Tartre aux boulles de Venus:
Si son vol & son cours sont encor retenus
Par l'esprit du Verdet & de la couperose:
Pourquoy ne peut nature & l'art faire vne chose
Qui plus fixe, plus pure, & plus haute en couleur,
L'arreste & le conduise a l'extresme valleur?
Qui doute que si l'ame en nostre or vif cachée,
Est par vne main docte auec art arrachée;
Qu'elle ait faict penitence en la rigueur du feu;
Puis soit par son esprit reiointe peu à peu

A son corps fait celeste & net de toute ordure;
Qu'elle n'ayt au centuple exalté sa teinture:
Et qu'ayant eu par Art telle augmentation
Elle ne la departe en sa proiection
Aux siens, & à l'autheur d'où vient leur origine,
Pour en or les parfaire; ou bien en medecine,
Dont la force indomptable, a toute eternité,
S'ira multipliant iusqu'en infinité?
Nous voyons ce miracle en vn autre vulgaire
Que le simple rustique est coutumier de faire;
Lors qu'en vn seau de laict il mesle industrieux
Quelques grains de presure, ou d'vn formage vieux,
Que la chaleur assemble, & fait par tout épendre
En ce laict, qu'en formage aussi tost on void prẽdre:
Qu'estoit cette presure, & ce fourmage encor,
Sinon vn laict caillé; ne plus ne moins que l'or
Vn Mercure espaissy, & confit par nature,
Auec vn souffre épars qui luy sert de presure?
Qui croiroit, sãs le voir, qu'vn poinct d'vn Scor-
Comblast vn Elefant de sa contagion; (piõ
Et presqu'en vn instant d'vne enflure mortelle
Excedast sa grandeur & grosseur naturelle?
Il est trop veritable: ô combien inegal
Est ce petit meurtrier à ce grand animal?
Et ce qu'on peut encor trouuer plus admirable,
C'est que l'Elefant mort feroit l'effect semblable,
Tuant mille Elephans s'ils en auoient mangé;

Tant ce point, tout ce corps, en venin à changé.
Les ſemences du bien ſont elles pas és choſes
Comme celles du mal fatalement encloſes?
Et ce qu'vn corps mortel, de nature imparfaict,
Soit au bien, ſoit au mal, ſans aucune ayde fait;
Le corps que la Nature à ſeul voulu parfaire,
Pluſque parfait par Art le pourroit il pas faire:
Veu qu'il eſt composé d'eſprit, d'ame, & de corps,
Egallement vnis par differends accords?
La parole de Dieu n'eſt ny fable ny ſonge;
C'eſt la verité meſme, & l'effroy du menſonge.
Il a comme vne loy des le commencement
De ſe multiplier faict le commandement;
Et n'a rien excepté de cette loy premiere,
Ains diuerſifié ſeulement la maniere.
L'animal raiſonnable, & le brutal auſſi,
Tant maſle que femelle, ont vn commun ſoucy
D'augmenter leur eſpece en leur propre ſemence;
Dont l'effect naturel dépend de leur puiſſance.
Les vegetaux ſont bien pour leur production
En ſemences feconds, mais ils n'ont l'action
De l'vn en l'autre ſexe, & le maſle fertile
Ne fait iamais porter ſa femelle ſterile.
La terre eſt la matrice ou le grain va germant;
La Lune & le Soleil luy donnent l'aliment.
Mais ce Roy des Metaux, vnique en ſa nature,
Se produict à peu pres comme la creature,

Il a vne femelle ou gist tout son amour;
Sa femelle l'embrasse, il l'embrasse à son tour:
Et viuement épris d'vne amour mutuelle,
Elle se glisse en luy, & luy se fond en elle.
Dans la claire matrice en tel accouplement
Des deux spermes conioints se fait premieremẽt
Vne matiere informe, & comparable à celle
Qu'entre les animaux Embrion l'on appelle.
Cet Embrion s'anime, & s'en forme vn enfant,
Qui naist Roy, puis deuient Monarque triomphãt:
Dont l'exquise richesse, extresme, & perdurable,
Le moindre des metaux peut rendre à l'or sembla-
Et luy faire porter comme Roy souuerain (ble;
Au front le diadesme, & le sceptre en la main.
„Mais bien qu'il ait en soy cette grãdeur supresme,
„Si ne la veut il mettre en acte par soy mesme:
„Il luy faut le secours d'vn maistre ingenieux,
„Qui sçache corriger ce qui est vicieux
„En sa moitié debile; & qui dextrement sçache
„Extraire le pur sang qu'en ses veines il cache:
„Qui le sçache tuer, puis reuiuifier.
„Pour luy faire immortel les siecles deffier.
Car si du feu dernier les flames rauissantes
Peuuent en quelque effect demeurer impuissantes,
Rien ne les doit brauer que ce Roy, qui des Cieux
Et des quatre elemens tient le plus precieux.
Quoy qu'il ait merité que ce feu le moleste

Comme insigne pecheur, qui cõmet double inceste,
Abusant de sa mere & de sa propre sœur
Quand il se perpetue, & cree vn successeur.
Vray est que de ce crime il fait bien penitence,
Alors que de son sang expiant toute offence,
Il substante & nourrit, comme les Pelicans,
Ses freres, ses neueux, sa mere, & ses enfans.
Ceux donc qui auec toy priuez de cognoissance,
Au sang des animaux cherchent cette science;
Au crachat, aux cheueux, aux salles excrements;
Aux herbes, aux raisins, aux sels, aux atraments;
Aux Metaux du vulgaire, encor que du Mercure
Ils ont comme nostre or tiré leur geniture;
Aux moyens Mineraux; sont trõpez, veu ce poinct
Que nul ne peut donner la chose qu'il n'a point.
La teinture du sage est fixe, & permanente;
Qui dissoute & recuitte a l'infini s'augmente
En puissance & en nombre, auec le mesme laict,
Et le mesme caillé dont le fourmage est fait.
Quelle vraye tinture, & qu'elle permanense
Veux tu trouuer ès corps que la flame a puissance
De reduire en charbons, ou d'enuoyer au vent?
Mais ie veux plus courtois t'estimer plus sçauant,
Et te faire vn prophete entre tels heretiques,
T'arrachant du bourbier des labeurs sofistiques.
Tu as cognu qu'en l'or gist le soufre parfaict,
Mais tu as ignoré comme il doit estre extraict.

Tu as cogneu le grain, mais ignoré la terre
Ou le parfait artiste en sa saison l'enserre.
Tu as cogneu la terre & n'as pas sceu trouuer
Le mistere secret pour la bien cultiuer.
Tu l'as bien cultiuee, & n'as pas sceu conduire
La chaleur qui peut l'œuure auancer ou destruire.
Obseruance ou l'ouurier a besoin d'estre expert,
Car le feu est tout l'Art dont Nature se sert.
Tu l'as bien sceu conduire, & n'as eu cognoissance
Du terme auquel l'enfant doit prẽdre sa naissance.
Tu as veu l'enfant naistre, & n'as appris comment
Ni de quelle viande on luy donne aliment.
Ainsi tu es de ceux qui des l'hiuer se ventent
Qu'ils rempliront leur grãge, & ne semẽt, ny plã-
Ou bien s'ils ont semé precipitent le tẽps; (tẽt;
Et font impaßiens moisson des le Printemps.
Tu dis que sans vser d'vn tas de parabolles,
On deuoit tout escrire en expresses paroles;
Car d'ouurir vn chemin ou l'on ne peut marcher
C'est donner le desir & l'espoir arracher.
O pauure Thiresie, ô mal'heureux Phinee;
Quel destin conduiroit ton ame facinee?
Ta raison asseruie à ton desir brutal
Voudroit d'vn petit biẽ faire naistre vn grãd mal:
Car si la dent vulgaire en ce fruit pouuoit mordre
On ne vit onc sur terre vn semblable desordre.
Tout le monde a souhait riche d'or & d'argent

De cent commoditez deuiendroit indigent.
Chacun, nouueau Cresus, fermeroit sa boutique,
Aborrant le trafic de son Art mecanique.
Le chetif buscheron dédaignant ses fagots
Serpe & hache fondue estendroit en lingots.
Le pescheur diligent a ses fillets destruire
Arracheroit le plomb pour en or le reduire.
Le Mareschal fondroit enclumes & marteaux.
Le Laboureur voudroit defferrer ses cheuaux;
Desarmer sa charrue; & Ceres delaissee,
N'auroit plus d'épics blonds l'eschine herissee.
Bref le beau siecle d'or iadis tant admiré,
Renaistroit icy bas follement desiré:
Car le glan des forests, auec l'eau des fontaines,
Seroient de nos festins les douceurs souueraines;
Nous les seruant dans l'or, qui aux yeux plus riāt
Ne rendroit au palais le morceau plus friant.
Il faudroit aller nuds: & comme les sauuages
Opposer des rouseaux aux celestes orages.
Tourne donc la medalle, & voy (pauure Midas)
Les fruicts de tes souhaits dont tu ne viurois pas.
Celuy romproit vrayment la celeste ordonnance,
Et commettroit impie vne execrable offence,
Indigne d'esperer ny pardon ny mercy,
Qui ce diuin secret diuulgueroit ainsi.
L'ire que Iupiter conceut contre sa femme
Voyant consommer Troye a la Gregeoise flame;

Ou contre l'attentat des Geants terrenez:
Qui trop yures de rage, & d'orgueil forcenez,
Cuidoient les immortels arracher de leurs sieges;
Lors que le vain effort de leurs mains sacrileges.
Trauaillant au dessein de leur rebellion,
Sur Ollimpe, & sur Osse, auoient mis Pellion;
N'auroit esté qu'vn songe: Et pardonneroit ore
Au volleur qu'vn Vaultour sur Caucase deuore,
Pour le mettre en sa place; ou son cœur renaissant
Iroit Aigles, Vaultours, & Corbeaux repaissant.
Ou bien le reseruant pour butte de son foudre,
(Phenix des malheureux renaissant de sa poudre,)
Il seroit chacun iour foudroyé plus de fois
Qu'il n'auroit peint de mots de ses iniques doigts:
Et de tous ses tourments l'aigreur plus importune,
Il se verroit mocqué en sa triste infortune.
Farceur, leue le masque, & à visage ouuert
Confesse ton dessein puisqu'il est descouuert;
Tu voudrois bien chanter vne Palinodie:
Mais l'air de l'himne sainct qu'ores ie psalmodie
Est de trois tõs plus haut qu'il ne faut pour ta voix,
Et trop doux pour l'accent de tes rudes abbois.
Pour rẽdre ta courõne à tes hauts faits semblable,
Tu dis que si cette œuure eust esté veritable,
Qu'entre tant de milliers d'hommes ambitieux
Qui se sont appauuris, & sont deuenus vieux
Chez cette Calipson, épris d'vne amour vaine,

Quelqu'vn de qui les cieux auroient beny la peine,
Ayant la Taprobane & le Perou chez soy,
Chef de cent Regiments eust fait la guerre au Roy.
O belle Catastrophe! ô beau trait de Logique!
Vouloir qu'vn Philosophe ayt l'ame tyrannique;
Et tienne entre des loups de loup le premier rang,
Versant en sa patrie vn deluge de sang.
Qu'est-ce qu'vn Philosophe? vn amant de sagesse.
D'où viennent ces tresors? de Dieu seul, qui adresse
L'ame droicte & discrette a ce but desiré,
Ou maint grand & maint docte en vain ont aspiré.
Te tiendroit on pour sage, ayant cette science,
Si au prix de ta vie & de ta conscience
Aspirant de ranger quelque peuple à ta loy,
Il te faisoit esclaue & triomphoit de toy?
Contre tes argumens fondez sur vne glace,
Ie tiens que l'eternel immuable en sa grace
N'abandonne iamais ses esleus bien aymez:
Qu'il rend d'amour, de crainte, & de cōstāce armez.
Au long cours de leur estre il leur sert de pilotte;
Et leur nef asseuree en la tourmente flotte.
Car si le chaud bouillon d'vn sang impetueux
Enfle quelque ieune ame, il la prend aux cheueux
Comme Pallas Vlysse: & ne luy permet faire
Chose qui peust contr'elle allumer sa collere.
Il faudroit supposer vn vice en sa bonté,
S'il n'exerçoit Constant sa libre volonté.

Veux tu sçauoir l'erreur qui tes pareils surmõte?
Qui de moyens les vuide & les comble de honte?
C'est qu'a peine entre mille vn met l'œil & l'esprit
Sur les diuers autheurs qui cet œuure ont descrit.
L'vn sçait vne pratique auec souffre & Mercure:
L'autre vn beau mediõ qui le Verdet endure: (nus,
L'vn sçait vn poids pour quinze au blanc sur le Ve-
Par qui deux grands Prelats se sont entretenus:
L'autre és minieres cherche vn souffre blãc fusible;
L'autre le sçait blanchir, mais il est combustible:
L'vn a le vray secret de l'operation
Pour conduire la lune a la fixation; (tre:
L'autre en sçait la teinture à plus de vingt & qua-
L'vn endurcit l'estain, mais il ne se peut battre:
L'vn ioinct la Lune au sol inseparablement;
Et l'autre la transmue en sol par le Ciment:
L'vn ne veut que vingt iours; l'autre n'ẽ veut que
Ainsi chacun se flatte, & de vẽt se cõtẽte: (trẽte:
Differents en matiere autant qu'en actions,
Mais fols égallement en leurs conceptions:
Puisque l'art cõme vn singe imitant sa maistresse
N'a que le seul subiect qu'elle engẽdre & luy laisse;
N'a qu'vne procedure; vn poids; vn feu pareil;
Et fait dans vn vaisseau l'œuure blanc & vermeil.
Pour faire aprẽtissage en quelque Art il faut estre
Cinq ou six ans esclaue au ioug d'vn fascheux Mai-
A se leuer matin, & se coucher bien tard: (stre;

Mais pour faire chef d'œuure en ce precieux Art,
On plaint vn an ou deux; on ne veut rien despẽdre;
Esperant par miracle, ou en songe l'aprendre,
Ainsi que sur Parnasse aux frais des lauriers verds
En dormant Hesiode apprit l'Art des beaux vers.
Celuy qui n'a vogué dans les mers sophistiques
Et passé les destroits de cent folles pratiques,
Ne mouille l'ancre au port de la perfection
Si ce n'est par vn vent de reuelation.
Fust il vn Pithagore, vn Pline, vn Aristote,
Il doit courir fortune ainsi qu'vn Argonaute,
Parmy cet Occean de contrarietez,
Pour descouurir les bancs de mille obscuritez.
C'est bien quelque aduantage à celuy qui fait voille
D'auoir le vent propice, & de voir son estoille:
Mais dans l'onde Chimique il y à maints rochers;
Ou souuent ont pery maints excellents nauchers.
Car tel void son Estoille (encore qu'entre mille
A peine vn la regarde) & luy reste inutile,
Parce qu'il n'est expert aux operations
Qui nous donnent l'entree aux preparations.
Vieillisse qui voudra penché dessus vn liure,
Deust il siecles pour ans, voire ans pour momẽts vi-
Et ne met ou fait mettre à l'ouurage la main, (ure,
Il pert son tẽps, son huille, & se tourmẽte en vain.
Le pauure Laboureur qui transit ou qui sue,
Et qui ses mains empoulle en serrant sa charrue,

Puis sous vn fresle espoir du profit incertain
Se nourrit de l'Iuroye & seme le bon grain,
Mal vestu, mal couché, souuent passe l'annee
Sans reuoir vne gerbe en sa grange amenee.
Le vigneron sans cesse aux collines beschant,
Qui a dos recourbé col & teste penchant
Trauaille tout vn an sans pouuoir d'vne grappe
Faire offrande en Septembre à Baccus ou Priappe;
Attend bien l'autre annee, & peu certain du fruict
S'engage à l'vsurier qui le ronge & destruict.
Mais nos petits Crœsus dont l'ame insatiable
Idolastre le but de cet Art venerable,
Cillez d'vn fol desir, pippez d'vn vain espoir.
Voudroient bien sans hazard nos lauriers receuoir.
Si Hermes & Geber dont la cendre on honore,
Cõme nouueaux Phœnix venoient à renaistre ore,
Et picquez du desir d'assouuir cette faim
Leur demandoient sans plus le couuert & le pain
Pour douze ou quinze mois; d'vne rare faconde
Ils respondroient qu'alors on ne verroit au monde
Viure bestes ny gens; Quoyque ces mois passez
On ne veist les voyant que des bestes assez.
La Nature mille ans à faire l'or demeure,
Et ces veaux n'y voudroient qu'vn mois, qu'vn iour
O doctes aueuglez ne vous sufit il pas (qu'vne heure.
Que l'art aydant nature auance tant ses pas.
Qu'en vn an elle face vne souffreuse poudre

Qui meurtrit le Mercure ainsi qu'vn coup de fou-
Chose trop veritable, & que l'œil ayãt veu (dre?
Crioit pourtant par charme auoir esté deceu.
C'est pourquoy maint grãd hõme à sçeu cette sciẽce,
Ayant eu pour son Nord l'astre de sapience,
Qui faute de moyens en desespoir est mort,
Submergé dans sa rade a la veue du port.
Car le riche & le pauure ont vn dessein semblable:
Mais bien souuẽt le pauure aux Dieux plus agrea-
Emporte la couronne à force de veiller (ble
Non le riche à souhaict ronflant sur l'oreiller.
Puis, doit on s'estonner si mainte ame balance,
Et vague irresolue en la double creance,
Si d'ambages couuerts & de propos noircis
Les principes de l'Art sont par ruse obscurcis?
L'vn nous dépeint vn Roy noyé dãs sa fontaine,
Pour immortel renaistreen grandeur souueraine.
L'autre ioinct en la couche vn frere auec sa sœur,
D'ou doit naistre vn nepueu du monde possesseur.
L'vn irrite vn Lion contre vne Aigle vollante;
L'Aigle le rend volage, & luy la rend constante.
L'autre peint deux dragons qui se vont deuorant,
Dont l'vn d'aellerons d'or va son dos honorant.
Puis donnant mille noms a vne mesme chose,
Celuy là cache plus qui plus à plein l'expose:
Tout pour desesperer l'ignorant vicieux;
Et tant plus alecher le docte ingenieux.

Car s'ils n'eussent d'erreurs leur œuure entretissue
Le plus simple du monde en vne heure l'eust sceuë.
Mais voyons la fontaine ou ceux cy ont puisé,
Et comme l'inuenteur l'a premier desguisé.
Il est vray, sans mentir, certain, tres-veritable,
Que ce qui est dessous au dessus est semblable:
Pour d'vne chose seule accomplir des effects
Que par secrét miracle on croiroit estre faits.
Et comme du seul Dieu la pensée profonde
D'vne chose à produict toutes choses au monde;
De cette chose vnique ont pris leur estre aussi
Par adaptation toutes choses icy.
Phœbus l'a engendree, & Phœbé enfantee.
Le vent comme matrice en ses flancs l'a portee.
La terre est sa nourrice; Et de tout l'vniuers
Le pere des tresors est compris en ces vers.
Auec douceur constante & d'artifice rare,
Sans violance ou haste, il conuient qu'on separe
Le subtil de l'espois, & la terre du feu.
Lors elle monte au Ciel & descend peu à peu
En terre; ou elle acquiert les deux vertus ensẽble;
Qu'vn neud indissoluble estroittement assemble.
Si on la mue en terre entier est son pouuoir;
Et rien pareil en force au monde on ne peut voir:
Car de son odeur seulle elle tue & renuerse
Toute chose subtile; & les dures transperce.
Ainsi fut fait le monde, & a ces actions

Admirables

Admirables seront les adaptations.
Ainsi sur tout desastre emportant la victoire
Tu iras triomphant du monde & de sa gloire.
I'ay l'œuure du Soleil plainement reuellé;
Aussi suis-ie Hermes Trimegiste appellé;
Comme ayant les trois parts de toute sapience.
Ce centre est conuenable à sa circonference:
Car ce principe ombreux, noir d'ambiguité,
Est l'obscure lanterne où luit la verité;
Qu'on ne peut discerner qu'entrant aux sanctuai-(res
D'vn miliō d'Autheurs qui font ses cōmentaires.
C'est le tige fecond de tous ces grands Rameaux;
Et l'immence Occean de tous ces gros ruisseaux.
A l'exemple du pere, escoute la parolle
Des fils, que Pithagore en ses trouppes enrolle.
Prens cela & cela; fais ainsi & ainsi:
Et tu auras cela. Si tu n'entens cecy,
Conioincts l'eau & le feu; le soulfre & le Mercure;
Et mets tousiours Nature en sa propre Nature.
Ou bien ioincts en vn corps la Lune & le Soleil;
Et puis faits banqueroutte à tout autre appareil.
Fais de deux corps vn cercle, & du cercle vn qua-(drãgle
Ramene ce quarré en forme de triangle,
Et puis de ce triangle vn cercle estant refait,
Tu auras aux status de cet art satisfait.
Que ton rouge blãchisse, & que ton blanc rougisse,
Et tu auras de l'œuure accomply l'artifice.

Fais auec son esprit ton corps spirituel;
Et par le mesme corps cet esprit corporel: (dre;
Puis dãs cet esprit corps, fais leur propre ame infõ-
Et tu auras vn bien que rien ne peut confondre.
Le corps n'agist au corps; ny l'esprit en l'esprit:
Iamais forme de forme impreßion ne prit:
Matiere de matiere: & n'est rien plus probable
Qu'vn semblable ne prend la loy de son semblable.
Mais il faut s'exposer au choc de mille maux,
Il faut pour y monter l'eschelle des trauaux.
Lire vn liure cent fois, par vn autre l'entendre.
Son bien, son temps, sa peine, auancer & despẽdre.
Car nature & le Ciel ne plantent ces lauriers (ers,
Pour les ieunes Soldats, ains pour les vieux routi-
Non que tous les vieillards obtiennent la courõne;
Mais ceux à qui Dieu seul par merite la donne.
Combien de beaux esprits d'abus empoisonnez,
Apres la sandarache ay-ie veu addonnez:
Poison qu'ils surnommoiẽt la Royne des minieres,
Idolastrant ce nom iusqu'aux heures dernieres,
Parce que la Sibille en ses vers a prescrit
Que le subiect doit estre en neuf lettres escrit.
Figure, enigme, ambage, oracle veritable,
Car c'est nostre Arsenic, qui d'Art emerueillable
Est arraché des reins du frere, & de la sœur,
Par les ongles poignants de l'Aigle rauisseur.
L'vn a tenu vingt ans vne lampe allumee;

L'autre douze;& tous deux n'õt riẽveu que fumee.
Ces esprits transcendants ailleurs sont à priser;
Mais c'est vice en cet Art de trop subtiliser:
Se voulant peindre en l'air maints succés impossi-
Et frayer des sentiers en lieux inaccessibles. (bles;
Il faut par les raisons, & d'vn iugement sain,
Considerant Nature imiter son desseing.
Fuyr les lieux ruyneux, & les voyes obliques
Où nous vont esgarant les labeurs sophistiques:
Il faut marcher sans crainte au chemin naturel,
Aysé, commun, certain, droict, & continuel.
En fin quittant Icare, il faut suiure Dedalle;
Vollant entre deux airs d'ælle tousiours egalle.
Quoy qu'on puisse au labeur pere & fils appliquer,
Si l'on sçait biẽ leur fable au vray sens expliquer.
Dedalle est le corps double en sõ premier message,
Lors que la terre lourde en se dissoluant change
Sa nature grossiere, & monte en s'esleuant
Sur les ælles de l'eau, non de l'air ny du vent.
Ce ieune audacieux, cet insolent Icare,
Qui d'vn vol plus hardy pres du Soleil s'esgare;
Qui void fondre sa Cire & ses bras despumer;
Puis dans la Mer qu'il nõme en tombãt s'abismer:
C'est l'esprit qui son corps dans les ondes delaisse
En ayant rauy l'ame: & de monter ne cesse
Tant qu'au hault de son Ciel peu a peu paruenu
Il retombe en la Mer d'où il estoit venu.

Fable que dés long temps le grand Moïse a teincte
Au pourpre Hermionic de son histoire Saincte,
Quand il dit que la voix de l'Artiste immortel,
Bastissant l'Vniuers son chef d'œuure eternel,
Separa l'eau de l'eau; pour de la plus grossiere
Faire en l'espaississant la terre nourrissiere:
Et que la plus subtile il meit au firmament,
Qui se forme en rosee, & coule incessamment
Par les yeux de la nuict sur la terrestre masse,
Où du Soleil luysant l'esponge la ramasse.
Mais combien vont encor l'antimoyne adorant
Comme leur Dieu Chimique; & tiennẽt ignorant
Celuy qui ne se pasme en merueille si rare,
De voir que le Soleil le calcine & prepare,
Voire augmente son poids s'il va sur luy dardant
Ses rayons enflammez par le miroir ardent?
Et quand mon souuenir mes erreurs me tesmoigne,
Ie pallis de tristesse & rougis de vergongne
D'auoir tant negligé l'Ange des bons auteurs,
Pour croire aux faux demõs des traitres imposteurs
Race inique & mauditte, engeance de Harpie;
Infectant & vollant quiconque en eux se fie.
L'esprit vniuersel, où maint esprit confus
Auec moy s'est pippé, fut mon premier abus.
Ie l'ay noircy, blanchy, & rougy en vne heure:
Mais nulle impression aux metaux n'en demeure.
Quoy qu'il soit esprit, corps, cuit & rubifié,

Il demeure impuissant s'il n'est specifié:
Car propre a toute espece il reçoit toute forme;
Et serf de tous subiects en tout il se transforme.
Quittant ce fol dessein ie me suis, peu ruzé,
Aux metaux du Vulgaire vn long temps amusé;
Soüillant cet art sacré de pensees prophanes.
Car i'ay mis Sol & Lune en liqueurs diaphanes,
Et cuits auec Mercure à tres lente chaleur:
Mais cet ingrat trauail fut de mesme valeur;
Nature veut Nature, & l'espece l'espece;
Aborrant au congrez la semence diuerse.
Celuy ne peut pas rendre vn pays bien peuplé
Qui a masle auec masle au coït accoupé:
Crime contre Nature, & faute abominable,
Que tout le feu d'enfer d'expier n'est capable.
Ainsi maints voyageurs par la nuict desuoyez,
Trompez des fols ardans en vn lac sont noyez.
Or si de ces faux Dieux tu as creu les oracles
Qui pippeurs t'ont rendu odieux nos miracles;
Deteste les conseils de ces pernicieux,
Comme peste infernale & maudisson des Cieux.
Puis toy mesme appellant de tes sentences folles,
A genoux auec moy vien dire ces parolles:
O science diuine, ô surnaturel Art,
Que Dieu comme par grace à ses esleus depart;
Des mal'heurs de la vie vnique & prompt remede;
Qu'on peut bien dire heureux celuy qui te possede,

Et qu'il fut d'vn bon Aſtre aperceu en naiſſant:
Puisque tant de treſors dont il eſt iouyſſant
Prouiennent de ſa peine & de ſon induſtrie,
Et non d'oppreſſion, d'vſure, ou tromperie.
S'il eſt ſage & diſcret pour la cauſe cacher
De ſon contentement, rien ne le doit faſcher,
Car il peut aller viure en tous les coins du monde
Portant comme Bias ſa richeſſe feconde.
S'il trouue vn languiſſant au danger de mourir,
En paſſant charitable il peut le ſecourir.
S'il rencontre vne vefue auec ſa triſte bande
D'orfelins, qui l'aumoſne à vn marbe demande,
(Car pluſieurs ont vn cœur de marbre dãs le ſein)
Il leur peut rendre pleine & l'vne & l'autre main.
Le l'aboureur chenu, le marchant honorable,
Que la guerre ou le feu a rendu miſerable;
Celuy que l'vſurier comme vn chancre a rongé;
Le captif qui lamente en deſeſpoir plongé;
Pourront ſans y penſer & ſans qu'il y paroiſſe
Sortir par ſes bienfaits de priſon & d'angoiſſe.
Qui s'eſtonnera donc ſi le braue Iaſon
Meſpriſa les hazars pour gaigner la Toiſon,
Puiſquil ſe veit par elle aſſouuir de richeſſe,
Et r'entrer ſon vieil pere en ſa fleur de ieuneſſe?
Ou qu'aux yeux de Caron pres de l'infernalle eau
Ænee alla cuillir le iauniſſant rameau?
L'on ſe plaindra pluſtoſt que la Muſe diuine

Qui du docte Saluste animoit la poitrine,
Ait noyé dans Lethé ce precieux subiect,
Le plus digne ornement de son riche proiect;
Puisqu'il vouloit de Dieu rechanter les merueilles;
Car celle cy s'enrolle au front des nompareilles.
Vray est qu'il a mieux fait que Gamō, ny Linthault;
Qui d'vn discours si braue & d'vn stille si hault,
L'vn comme vn Apollon Philosophe & Poete;
L'autre enfant d'Esculape estant son interprete;
Ont pensé garentir leur renom du trespas
Enseignant au public ce qu'ils n'entendoient pas.
Ie n'en veux pour tesmoin que leur vulgal Mercu-
Dont ils cuident par art corriger la Nature; (re
Secret ou l'vn & l'autre erre tout esgaré,
Puisque Nature à l'art le nostre a preparé.
Ils ont beau sublimer & luy donner pour ame
L'esprit du vitriol, puis en faire amalgame
Auec l'or cimenté; Ce progrez ne vault rien.
Il faut trouuer conioincts d'vn naturel lien
Dans nostre vifargent le Soleil & la Lune.
Non argent vif commun, sol ny lune commune,
Mais ce couple iumeau que Iupin enflamé
Au ventre virginal de Latone a formé.
C'est nostre vif Soleil, C'est nostre Lune vifue;
Theriaque & venin du vif qui les auiue.
De ces trois ainsi ioints le vray Mercure est fait,
Qui par l'or & l'argent se fermente & parfait.

C'est nostre Lion verd, c'est nostre eau permanente:
Dont l'œuure se compose, & dont elle s'augmente.
C'est le laict virginal; Le Mercure animé;
Nostre terre feuillee; & nostre sublimé.
Des couleurs d'Hiacinthe & de Narcis capable
Transmuāt tout en soy, comme en tout trāsmuable.
Qui deuient immortel quand la mort il reçoit:
Et meurtrit ses enfans alors qu'il les conçoit.
En premier lieu l'Artiste a besoin de cognoistre
Dequoy, & en quels lieux, les Metaux doiuēt naistre
Comment ils sont conceus, engendrez, acheuez;
Mais non à mesme honneur par Nature esleuez.
Puis, s'il ne veut aueugle errer à l'auanture,
Qu'il sçache où il doit suiure ou quitter la Nature,
Qui a pour tout dessein (trauaillant simplement)
Des deux principes ioincts faire l'Or seulement.
Qu'il tienne ma parole à foy Euangelique,
De ne quitter iamais l'espece Metallique;
Et ne prendre pourtant les Metaux du commun.
Despouillez de leur vie, & sans esprit aucun:
Car, biē que maints Autheurs ordōnēt de les prē-
On ne doit si crumēt leurs sentēces entēdre. (dre,
L'vn possible en son dire est superstitieux;
Et l'autre en ses escripts est peut estre enuieux.
Nature a composé de feu, d'air, d'eau, & terre,
Vn principe à cet Art qui est Pierre & non Pierre.
Pierre quant à l'aspect & à l'atouchement;

Mais quant au naturel Metal entierement,
Metal qui toutefois nul Metal ne ressemble;
Encore qu'en luy soient tous les Metaux ensẽble.
Cette masse indigeste auec peu d'action
Est aisément conduitte à la perfection;
Car en ses Elemens rien ne manque ou n'excede,
Ains tout ce qu'il luy faut elle embrasse & possede.
Le feu qui tout consomme en son auidité,
Desnuant tous les corps de leur humidité,
Est le seul aliment dont elle est substantee;
Car plus elle y demeure & plus est augmentee
Son humeur radicale; arriuant à tel poinct
Que le Roy des Metaux ne s'y compare point.
Grand Loy, qui sans autre ayde a pris son origine
De cet Hermaphroditte, ou de cette Androgine.
De ce Cahos Phisic en qui viuent cachez
Sept esprits mineraux, par Art sont arrachez
Leurs quatre geniteurs, en la double semence
Dont l'Embrion Chimic doit tirer sa naissance.
Les deux sont au Mercure; & les deux autres sont
Au souphre: & tous ensemble en mourant se parfõt
Mercure est le mary, & Venus est la femme.
L'Art en a fait deux corps, mais ces corps n'õt qu'vne ame.
L'vn & l'autre patit, puis agit à son tour,
Sous les effects diuers d'vn mutuel amour:
Amour qui les rassẽble, & des deux morts fait naistre
Vn tiers tout dissemblable à ceux dõt il prẽd l'estre.

Voila cet vn mystique, & cette trinité,
Qui comprend tout mystere en sa triple vnité.
Deesse engendre-amours, germeuse Citheree,
Qui par les regions de la voulte etheree
Fais ta ronde eternelle en ton char radieux,
Montãt de sphere en sphere au dernier des sept Cieux;
Puis deuallant soigneuse, à nos vœuz oportune,
Du Cercle de Saturne au cercle de la Lune,
Ta vertu genitrice espands egallement
Dans les reins amoureux de chacun element.
Comme au grand vniuers ta feconde influence
Par l'esprit general à tout donne naissance,
Tu produis les effects de maints actes diuers
Par l'esprit mineral au Chimique vniuers:
C'est pourquoy de ton nom nostre terre on appelle,
Car nostre Hermaphrodit est conceu & nay d'elle:
Apres qu'estant recuitte au bouillon de son eau,
De sa tombe funeste elle a fait son berceau.
Gentille Saluiacis, que tu vis glorieuse
D'embrasser le subiect de ta flame amoureuse;
Baignãt vn corps si noble & des membres si beaux,
Dans le flot cristallin de tes larmeuses eaux!
Honteux adolescent, ton heureuse infortune
Te rend en t'offençant cette gloire commune;
Soit que ton double sexe à ces flots s'vnissant
Tu sois fait pour produire agent ou patissant!
Mais qui est le docteur tant subtil & tant sage

Qui prouuast par exemple, ou mōstrast par vsage,
Qu'on puisse vnir deux corps; de centres si diuers
Que l'vn aspire au Ciel, l'autre aspire aux enfers;
Qu'en muant leur Nature; & changeāt leur sub-
Chose tres-dificille à l'humaine ignorāce; (stance?
Mais possible, & requise à la perfection
Que produit en cet Art cette conuersion:
Ioignant l'esprit agille au corps lourd & stupide;
Le chault vif au froid morne; & le secq à l'humide;
Pour faire vn composé, auquel soient limitez
Les discordants effects des contrequalitez.
L'air est de tous les corps le soustien & la vie.
Il substante le feu; comme l'eau viuifie
Le grand corps de la terre, & l'eau reçoit de l'air
Cet esprit animant; qu'elle laisse exaller
Aux rais de la chaleur & celeste & centralle,
Pour renuoyer à l'air ce qui de l'air deualle.
Ainsi par le secours d'vn prest continuel
Chacun des elements se rend perpetuel,
En estre, en actions, en vertus, en puissance;
Donnant ce qu'il reçoit, riche en son indigence.
Autrement ce bel ordre à neant passeroit;
Et par tout la Nature inutile seroit.
Mais cette sage mere a par sa prouidence
Obstaclé ce desastre; ayant fait l'ordonnance
Que circulairement (par eux mesme excitez)
En se communiquant leurs propres qualitez,

Par leur mutation proprement circulaire.
Les transmutations en tout se pourroient faire,
Ainsi la terre prette au feu sa siccité;
Le feu, son chaut à l'air; L'air son humidité,
A l'eau, qui va prettant sa froideur à la terre;
Et tous viuent en paix en se faisant la guerre.
Voyla comme ces corps miraculeusement
Se changeant changent tout, & võt tout reformãt.
Docte Libauius, i'admire ta constance
A prouuer & reduire en Art cette science:
Mais en tous tes escrits ie n'ay oncque apperceu
Que ce diuin secret tu ayes iamais sceu.
Toutefois ie t'honore ainsi qu'vn autre Alcide,
Chassemal de ton siecle, & vaillant monstricide.
Crois tu que tous les vieux qui ce but ont atteint
Sçeussent rien des labeurs que tu nous as depeint?
Ce sont inuentions modernes & friuolles,
Contraire aux leçons de leurs vrayes Escolles.
Pardonne ie te prie à la naifueté
Dont vse ma franchise & ma sincerité:
Ie te cedde en doctrine & en graue eloquence;
Mais non en la secrette & vraye intelligence
De ce rare mistere, où la grace d'enhaut
Sans qui l'estude humaine & l'addresse ne vaut
M'a conduict par miracle, alors que mon courage
Par tant d'erreurs vaincu renonçoit à l'ouurage.
Ceux à qui ce grand Dieu extresme en charité,

Pour leur perseuerance & leur fidelité
A cette sapience à la fin departie,
Veulent que son mystere abonde en sympathie
Auec le plus secret des mysteres diuins.
Qu'elle ait fait aux premiers preuoir cõme deuins
Le rauage inhumain de l'vniuerselle onde;
Et le feu general consommateur du monde:
Puis ait rauy leurs sens en la felicité
De l'espoir non trompeur d'vne immortalité:
Lors que des bienheureux les glorieuses ames
Prendront leurs corps purgez par le Cimẽt des fla-
Et moy suiuant leur trace y recognois assez (mes.
Les effects à venir par les effects passez.
Car si l'eau du deluge a possedé la terre
Cent cinquante six iours; autant en nostre verre
Apparoist vn deluge, & ne se void rien qu'eau.
Si Noé hors de l'Arche enuoya le Corbeau
Qui s'arresta gourmand, à la charongne morte; (te
La noirceur qu'aux deux corps la pourriture appor-
Comme vn Corbeau les ronge & les quitte à regret
Si la blanche Colombe annonça le secret
De la future paix par la branche d'oliue:
La verdeur qui se montre au vaisseau claire & viue
Lors que nostre soleil a beu l'humidité.
Vient prononcer l'arrest de la tranquilité.
Comme en l'Arche sacree estoient masle & femelle;
En nostre arche luysante est la couple iumelle.

Comme l'eau vengeresse emporta les forfaits;
Nostre eau purge nos corps par la noirceur infects:
Or si l'vn a esté l'autre se peult bien croire,
Puisque Dieu a voué l'vn & l'autre à sa gloire.
Et que sans l'action de ce contraire effect
L'ouurage proietté ne peult estre parfaict.
Escoute vne maxime au commun non cõmune,
Qu'en la nuict du Soleil est le iour de la Lune;
Et la froideur solaire en la lunaire ardeur.
Lors que la Lune obscure en sa moitte froideur,
Reçoit du clair Soleil la chaleur radieuse,
Le Soleil entre en elle & la rend lumineuse,
Eschauffant & seichant sa froide humidité.
Du Soleil au rebours la chaude siccité
S'alentit & s'humecte, & d'vne obscure nue
Offusqué fait eclypse à nostre humaine veue.
Puis si tost qu'au Soleil la Lune fait retour,
Le Soleil se ranime & ralume le iour;
Arrachant à sa sœur sa lumiere vollee.
Qui vefue de clairté vit sombre & desolee.
I'ay dit cent & cent fois, ie le redis encor.
Que le Soleil Chimique est le vif & pur or.
Non pas cet or vulgaire afoibly du martire
Des flames & des eaux qui bornent son empire.
Qui n'a rien de parfait pour autre que pour luy;
Et qui deuiendroit pauure enrichissant autruy.
Ains celuy que Saturne en se sphere recelle;

Qui n'est connu d'aucun si Dieu ne luy reuelle.
Verdoyant, Vegetable, Animé, animant;
Vif Soleil, qui paroist Lune premierement.
Et qui n'aura des vieux desnoué les ambages
Ne connoistra non plus cette Lune des sages.
Lune qu'vn voille noir infecte & va tachant:
En son croissant premier à nos yeux la cachant:
Diane ouure Phœbus, & Phœbus clost Diane;
Rendant l'esprit opaque, & le corps diaphane.
Oste donc du Soleil l'ombreuse obscurité,
Puis par tout l'vniuers s'espandra sa clairté:
Mais sa viue spendeur ne sera departie
Tout en vn moment d'heure à la brune Cinthie.
La froide Thitonide au teint iaulne vermeil
Annonçant aux mortels le retour du Soleil,
Leur aprent de sa sœur le coucher & l'absence,
Qui paroist tousiours moins plus son frere s'auāce.
Laissons ces deux Iumeaux vuider leurs dife-
Et vuidōs d'autres points, cōbiē qu'indiferēs. (rēts.
On dit que Ciel & terre en vn se doiuent rendre.
Di moy donc si le Ciel en terre doit descendre;
Ou si plustost au Ciel la terre doit monter?
Tout esprit qui se laisse à la raison donter
Croit qu'il faut que le Ciel vers la terre descende,
Puis dissolue sa masse & legere la rende.
Or l'on tient que la terre au Ciel va s'esleuant
Lors qu'auec son esprit qui la va dissoluant

Elle demeure en luy viue & ſpirituelle.
Qu'vne ſimilitude ingenieuſe & belle
Te peut faire comprendre auec eſtonnement:
Lors que le fils de Dieu quittant le firmament
Deſcendit en la Vierge, il y prit ſa naiſſance,
Ioignant noſtre nature à la diuine eſſence.
Il fut vif entre nous pour de noſtre ſalut
Preſcrire charitable & la voye & le but.
Puis endurant pour nous vne mort volontaire
Immortel il retourne au paternel repaire:
Hauſſant l'humanité de ſon corps precieux
Sur les cercles du monde; Où il vit glorieux
Au palais eternel de la Trinité ſaincte.
Ainſi lors que la Parque aura ma vie eſteincte
Mon ame s'eſleuant ſur l'aile de la foy,
(Par l'infiny merite & faueur de ſon Roy)
S'en ira dans le ciel d'où elle eſt deſcendue,
Ayant ſa freſle eſcorce à la terre rendue:
A laquelle, purgee, au iour du iugement
Elle ſe viendra ioindre inſeparablement;
Pour remonter enſemble à la vie eternelle.
Mais d'vn doute nouueau la queſtion nouuelle
Autrefois me fut faite, aſſauoir ſi l'eſprit
(Qui de l'ame & du corps tous les ſecrets comprit)
Monte au Ciel auec l'ame, ou reſte au corps en terre;
Pour aller au triomphe ou mourir en la guerre?
Ie maintins que l'eſprit les aſſemble icy bas;

Et

Et pendant cette vie est tiers en leurs combats:
Mais la noirceur muee en blancheur pure & mōde
Il y aura sur terre vn plus excellent monde;
Duquel l'esprit tiendra iustement le milieu,
Le corps tiendra le fonds, & l'ame ira vers Dieu.
Quelqu'vn dit que la terre est le vray Ciel de l'ame:
L'ame celuy du corps: & que l'esprit qu'on blasme
D'auoir fait souiller l'ame en la solution,
Participe aux tourments de sa punition,
Dans les tristes cahots de l'ombreux purgatoire,
Ou la flame blanchit l'ame de crimes noire:
Puis, que l'ame purgee au Ciel se resiouit,
Et qu'auec ses pechez l'esprit s'esuanouit.
Car s'il faisoit tousiours auec eux residence
Ils n'auroient iamais paix ny constante alliance.
Ce fol disoit à l'ame, en son courroux peruers,
Ie t'yray conduisant par l'horreur des enfers
A la mort eternelle, aux maisons tenebreuses
Où Pluton va logeant ses Idolles ombreuses.
L'ame tirant à peine vn sanglot du profond,
A voix entrecouppee en pleurant luy respond:
Las pourquoy, cher esprit, m'as tu donc arrachee
De l'agreable sein ou i'estois attachee?
Ie te croyois à moy ioinct d'vn nœud Gordien:
Que me donnant à toy tu deuois estre mien:
Et ta bouche auiourd'huy le contraire m'annonce.
Mais ie pardonne aux maux que ton ire prononce,

Comme dits de la langue, & du cœur non dictez.
Et veux tout au contraire (égalle aux deitez)
Auec moy te conduire à la gloire eternelle,
Honorant nostre corps d'vne essence plus belle.
Qu'on ne m'accuse point d'auoir escrit cecy
Pour rendre le secret de cet Art obscurcy:
De corps, d'ame, & d'esprit, la pierre se compose;
Et ces trois s'embrassant font vne seule chose;
Cõme ces trois fõt l'homme vnissant leurs accords.
La matiere imparfaicte est prise pour le corps;
Le ferment en est l'ame; & l'eau qui les assemble
Est l'esprit, enchaisnant l'ame & le corps ensemble.
Le corps lourd & stupide est de soy vil & mort.
L'ame le ressuscite, & le rend vif & fort.
Et l'esprit qui le purge à la fin le fait digne
Du manteau reluisant, de la blancheur insigne.
Le corps, l'ame, & l'esprit, qui en nombre sont trois;
En leur genre commun ne sont qu'vn toutesfois.
Car Sol, Lune & Mercure, en leur substãce entiere,
Sont differents de forme & non pas de matiere.
Combien de hauts secrets de sophismes couuerts
Moisissent incognus dans les antiques vers?
Le combat de Thesee & du fier Minautaure.
La riche cuisse d'or du diuin Pitagore.
L'incroyable façon de se regenerer
Trois fois en trois cens ans, se faisant digerer
Dans vn bain d'eau bouillãte; & d'estrãge maniere

Pour cent ans se remettre en sa forme premiere;
Sõt autãt de tesmoins des plus qu'humains effects
Qui par cet art sublime ont iadis esté faits.
Ce courageux Thesee est le vray philosophe;
Qui ioignant de sõ œuure & l'vne & l'autre estoffe,
Combat dans les destours de son triple vaisseau
L'inaccessible orgueil du monstre Mytaureau:
Puis vinqueur triomphant pour courõne de gloire
Fait la fille d'vn Roy le prix de sa victoire.
Ce Roy, c'est le Soleil des astres sousterrains,
Qui n'engendre que Roys & Princes souuerains:
Et sa fille est la pierre en rougeur esclattante,
Qui paye ses trauaux, ses frais, & son attente.
Si son bel œil daignoit vn iour luire à mes yeux,
I irois, nouueau Thesee, au ciel des demydieux.
Car c'est l'estoille heureuse au lustre de laquelle
Du perleux Orient comme Aurore nouuelle
Vint la Royne de l'Austre, ouir, entendre & voir.
Du grand Roy Salomon la sagesse & l'auoir.
Comme en vn seur azille en ses mains se retire
La puissance, l'honneur, la vertu, & l'Empire.
Le Royal diadesme ornement specieux
De son auguste front, sont les feus radieux
De sept Astres brillans qui le monde illuminent.
Deuant sa Majesté les plus grands Rois s'inclinẽt.
Et comme espouze ornee allant vers son espoux
Aux vestemens pompeux flottant sur ses genoux,

On lict en lettres d'or Grecques & Arabicques,
Ie suis l'unique fille aux Prophetes antiques.
L'ignorance a fait dire à maint celebre auteur
Que le vieil Pithagore estoit un enchanteur
Qui montroit en cachette une cuisse d'or nue.
Mais cette cuisse estoit la richesse incognue
Que par ce haut miracle il alloit possedant,
Et du seau du silence estroittement gardant.
La chaudiere où sa chair fut trois fois consommee,
C'est la cuue secrette en sa chambre enfermee,
Ou dans un bain de fleurs confittes par le Vin
Il prenoit (quelques iours) de ce soulphre diuin
Qu'au decrepit Aeson l'amoureuse Medee
Donna, pour despouiller sa vieillesse ridee.
On employe maint texte à maint graue subiect,
Dont l'auteur n'eut iamais que cet Art pour obiect.
Les labeurs d'Hercules qu'ō tiēt pour vaines fa-
Sōt de cet Art secret figures veritables. (bles,
Gerion aux trois corps redoutable & puissant;
Est le triple argent vif Sol & Lune embrassant.
Le geant terrené, l'inexpugnable Anthee,
Dont la force n'estoit par aucun supplantee
Tant qu'il touchoit sa mere, est l'esprit, vif & chaut
De nostre or, que nostre eau attire & leue en haut.
L'hydre tousiours naissante à sept testes horribles;
Est l'eau, mere de l'or & de tous corps fusibles:
Eau qui ne mouille point, & n'esteint point le feu:

Serpent que le Soleil doit tuer peu à peu.
Des Centaures legers l'espece monstrueuse;
C'est des deux spermes ioints la matiere hideuse.
Le traistre Diomede & ses cruels cheuaux;
C'est l'Artiste logeant ce cahos des Metaux
Dans la chambre secrette ou son eau le deuore.
Le bouclier d'Hippolite; est l'Iris qui decore
Cette eau de cent couleurs. Le fumier meurtrisseur
De l'estable d'Augee; est l'infecte noirceur
Qui couure les corps morts apres leur pourriture.
Les Oyseaux stinphalins rauissans la pasture
Du desastré Phinee, & l'allant infectant;
Sont les fortes vapeurs qui des corps vont sortant.
Du sanglier escumant la poursuitte & la prise;
C'est lors que la matiere entre à la couleur grise;
Et quittant pour blanchir son orde obscurité
Donne vn signe à l'ouurier de sa felicité.
La peau du grand Lyon que ce demidieu porte;
C'est la rousse couleur qui la blancheur emporte.
Le Taureau qu'il dompta le corps qu'on va fixant.
Le cerf aux cornes d'or; le corps fix iaunissant.
Cerbere aux trois gosiers; l'enfant nay, qui demãde
Qu'on l'aille allimentant de nouuelle viande.
Voila comment les vieux cet œuure alloient cachãt
A l'auare, à l'ignare, au fol, & au meschant.

Mais quelle Thisiphon, de ses rouges tenailles,
Extresme en cruautez bourelle les entrailles

Des haineux de cet Art, d'ignorance aueuglez;
Qui troublez des vapeurs de leurs sẽs desreiglez,
Nous proposẽt pour loix leurs discours chimeriques
Voulant qu'on les prefere aux plus belles reliques
Dont l'Egypte & la Grece en leur prosperité
Doüerent les autels de leur posterité.
Hayr ce qu'on n'a pas, blasmer ce qu'on ignore;
C'est vn mal qui demande vn quintal d'Helebore.
De ton trosne pourtant tu ne sois deboutté (té.
Bel Art, puisqu'il n'est riẽ dõt quelqu'vn n'ayt dou-
Les mysteres diuins souuent en controuerse
Ne permettent pourtant que l'Eglise on renuerse.
Iupiter ne sceut onc les mortels contenter;
Ce qui fait pleurer l'vn induit l'autre à chanter.
Des flancs du Montgibel la soulfreuse insolence
Tant de langues de feu à plis Ondeux n'eslance,
Que la traistresse enuie aux funestes regards
Descoche par cent yeux de Basiliques dards,
Au blãc de tõ hõneur (grand Royne des merueilles)
Et tous, sans te blesser passent dans tes oreilles.
Que ce monstre deschire vn soufleur enfumé,
Qui d'eau forte, de soulphre, & d'orpin parfumé
Ressemble au forgeron qu'vne flame vert-bleuë
Rẽd sous la nuict ombreuse vn fantosme à la veuë,
Cela n'est qu'à ta gloire, & luy vais pardonnant.
Mais vn fils legitime à qui tu vas donnant
Le fillet d'Ariadne en ce confus Dedalle,

Doit estre exempt du fil de sa langue infernalle.
Et faut qu'vn vray Thesee, ou Persee irrité,
Extermine ce Monstre enflé d'iniquité.
Viendras tu point du Ciel belle ame Aurelienne,
Geler de ces Corbeaux la voix magicienne;
Et deffendre l'honneur de ton Pontife aymé,
Qu'ils ont pour t'offencer meschamment diffamé.
De tes beaux vers dorez à l'egal doux & graues,
Burins par qui ta gloire au frõt des ans tu graues,
L'estoffe precieuse & l'œuure plus exquis
N'ont sinon des Lauriers pour ton loyer requis.
Leur torrent plus fecond que le riche Pactolle
Roulloit trop d'or caché dans son areine molle
Pour vne seule bource; où la bource eust esté
Comme estoit le tresor grande en infinité.
Rongnez Muses rõgnez l'ongle & le bec qui pince
Vostre opulent Poëte & son illustre Prince.
Empruntez de Pallas l'effroyable bouclier,
D'où l'horrible Gorgonne estançant maint esclair
De ses gros yeux fataux empierre l'ignorance,
Qui d'vn dart espointé combat cette science.
Et conseillez à ceux qui blasment tel secrets.
D'estre vn peu plꝰ sçauãts, ou beaucoup plꝰ discrets.

FIN.

STANCES.

AV gracieux resueil de la vermeille aurore
Son œil chasse l'obscur du vuide aërien;
Illustrant le contour du globe terrien
Par son esclair brillant qui le Ciel recolore.
Ainsi, quand la splendeur d'vn haut sçauoir decore
Quelque esprit espuré du brouillas ancien
De vulgaire doctrine, il void tout, & n'est rien
Pour secret qu'il puisse estre au mõde, qu'il ignore.
D'imposture & d'erreur la grãd tourbe le fuit;
(Ainsi que le Hiboux fuit le Soleil qui luict)
Ne pouuant supporter l'esclat de sa science.
Il marche en sa main dextre ayãt lõgueur de iours;
Richesses & honneurs en la gauche; & tousiours
Suit pour phare & pour nord l'astre de sapience.
Muses, chassez bien loing de vostre sanctuaire
Tous excommuniez & maudits imposteurs;
Qui prophanant cet Art, sacrileges menteurs,
Font de son nom sacré vne fable au vulgaire.
Que ces esprits sillez d'vne erreur populaire;

Et ces Asnes chargez de liures & d'autheurs
Qui par opinion mesprisent nos Docteurs,
N'approchent point aussi vostre autel salutaire.
Que de sa main sordide vn auaritieux.
Que de son ongle impie vn vain ambitieux;
N'attentent de cueillir nos precieuses roses:
Mais que l'humble & le sage entrent en ce St. lieu.
Car pour eux seulement sont reseruez de Dieu,
Et les fleurs, & les fruis, de nos metamorphoses.
De ces preux champions pour le prix contendans,
Qui dãs le chãp d'Hermes fõt voller la poussie-
Vn à peine entre mille a cognu la matiere; (re;
Dont se fait la couronne ou ils sont pretendans.
Les vns, plus qu'il ne faut, subtils & transcẽdans,
Loin du trac de Nature, essayant leur carriere,
Abandonnent le cours de cette grand guerriere;
Et frayẽt des sentiers aux siẽs tous discordans.
Tels esprits facinez quittent leur bonne mere;
Et vollent vagabons apres mainte chimere,
Qui les paissãt d'erreurs les porte au desespoir.
Chacun à son obiect; Chacun à sa practique;
Et n'y a qu'vn subiect; & qu'vne voye vnique:
Qu'on ne peut sans Nature obtenir ny sçauoir.
Mille & mille auant moy, comme moy curieux,
Ont cõsommé leur aage, & leur biẽ, & leur peine,
A chercher incertains, vn chose certaine,
Et à qui la cognoist tousiours presente aux yeux.

Mais mille & mille außi (plus fauoris des Cieux)
Auant moy comme moy ont cognu la fontaine
Qui sur vn sablon d'or son eau viue pourmene;
Eau d'immortalité dont s'abreuuent les Dieux.
Les vns comme aueuglez erroient à l'aduanture,
Les autres mieux appris, disciples de Nature,
Au Ciel de ses secrets addresserent leurs pas.
Ceux là firēt naufrage & de biēs & de vie: (uie,
Ceux cy guidez au port, francs de crainte & d'ē-
Vainquirēt toute angoisse, & presque le trespas.

LES VISIONS HERMETIQUES.

Bien que nostre Art consiste en vne seule chose;
Et que d'vn vil habit nostre Roy soit caché:
Voyez comme il se change & se metamorphose,
Auant que du sepulchre il puisse estre arraché.

Ie vey par vn fort aigle vn vieillard venerable
Au sein d'vn gros nuage enleuer iusqu'aux Cieux.
Puis tournant dans vn globe en façon effroiable,
Deuenir eau tresclaire, & sel tres precieux.

Ie vey dans nostre mer deux poissons admirables,
Qui sãs chair & sans os cuisoiẽt en leur propre eau.
Et de leur suc enfloient les Ondes delectables
Qui leur donnerent l'estre, & qui sont leur tõbeau.

Ie vey dans vn bourbier vne Phere sauuage,
Plus vile qu'vn sanglier en la fange dormant;
Qui changeant peu a peu de poil & de corsage,
S'alloit en biche blanche à la fin transformant.

Ie vey dans le profond de nostre forest noire,
Aupres d'vne Vnicorne, vn cerf audacieux;
Suiuis de cẽt Veneurs, dont vn seul plein de gloire
Feit de leur chair dorée vn mets delicieux.

Dans vn vallon ombreux de cette forest mesme
Ie vey deux fiers Lions l'vn sur l'autre acharnez;
Qui pris par ce Veneur auec trauail extresme,
Furent sous vn ioug mesme en triomphe amenez.

Ie veys vn chien superbe, & vn loup plein de rage,
Se colleter l'vn l'autre; & s'estranglant tous deux,
Conuertir en venin leur sang & leur carnage:
Puis ce venin resoudre en baulme precieux.

Ie vey dessous vn antre vn grand dragon horrible,
Vomissant son venin aux rayons du Soleil.
A tout autre animal redoutable & nuisible,
Car il n'est Basilic en cruauté pareil.

Ie le vey tost apres surpris dans le cordage
Du Veneur cauteleux; où pire qu'enragé
Il deuoroit sa queue; & par son propre outrage
En fine Theriaque estre son sang changé.

Dans la mesme forest ma veue fut conduitte
Sur vn nid, ou gisoiët les deux oyseaux d'Hermes,
L'vn taschoit à voller, l'autre empeschoit sa fuitte;
Ainsi l'vn retient l'autre, & n'en partent iamais.

Au dessus de ce nid ie vey sur vne branche
Deux oyseaux se piller & se donner la mort.
L'vn de couleur de sang, l'autre de couleur blãche;
Et tous deux en mourãt prẽdre vn pl⁹ heureux sort.

Ie les vey transmuer en blanches colombelles,
Puis en vn seul phœnix toutes deux se changer.
Qui semblable au Soleil, sur ses brillantes alles
Afranchy de la Parque au Ciel s'alla ranger.

Ie veys vn fier Monarque en sa royalle pompe,
Sortant de ces forests dont il se disoit Roy;
Aux quatre parts du mõde au haut son d'vne trõpe
Appeller ses vassaulx pour receuoir sa loy.

Sur son chef éclattoit vne triple couronne,
Ou maint large escarboucle alloit estincelant.
Et flãboit en sa dextre vn beau sceptre, ou rayonne
Auec l'or precieux vn esmail excellent.

D'vn pourpre cirien orné de broderie,
Sa robbe Imperialle a lays larges & longs
Par dessus vn harnois riche d'orfaurerie
Luy pendoit de l'espaule au dessous des talons.

Pompeux de Maiesté, d'vn front seuere & graue,
Il dist à mille Rois à ses pieds prosternez,
Le plus puissant de vous n'est ore qu'vn esclaue;
Car tous pour mon trophee estes predestinez.

Sur tous mes ennemis i'ay gaigné la victoire;
Et braué la mort mesme en rõpant mon tombeau.
Ie suis incomparable en puissance & en gloire;
Plus riche que Pluton, & plus qu'Apollon beau.

I'esleue le plus pauure en dignité Royalle;
Ie donne aux imparfaits toute perfection.
Et ceux que ie parfais à moymesme i'esgalle,
Leur donnant les effects de la mesme action.

I'assouuis de tresors les ames plus auares;
Ie comble de santé les corps plus abatus;
I'exalte le cristal sur les gemmes plus rares:
Vniuersel en force, & vnique en vertus.

Qui ne tiẽdroit pour fable vn progrez si estrange?
Veu qu'vne chose vile, a chacun en mespris;
Sans trauail, sans despens, de soy mesme se change
En vn triple tresor sans pareil & sans prix.

Ie suis donc le Phenix qui renaist de sa cendre:
Le grain qui pour produire en la terre pourrit:
Ie suis ce Pellican; Et cette Salemandre,
Qui au feu prend naissance & du feu se nourrit.

Ie suis, tant que la terre en ses flancs me recelle,
En trinité vnique, ou trine en vnité.
Et viendrois de moy mesme en grande authorité,
Si l'auarre enuieux ne me separoit d'elle.

Tout le monde à vil prix m'achette & me possede:
Mais c'est apres ma mort & quand seulet ie suis,
Qui doncque me prend vif, & sçait ce que ie puis,
Peut dire qu'aux tresors des esleuz il succede.

O Princesse d'Antie, inuincible Fortune;
Opportune à quelqu'heure, à quelqu'autre im-
Deesse incõparable, exigeant des mortels (portune,
Les ames pour victime, & les cœurs pour autels.
Sur les plꝰ grãds Palais tu fais naistre des herbes:
Changeãt aux tristes pleurs les triõphes superbes.
Le Monarque te suit: l'Empereur & le Roy (loy.
Courbent leurs chefs vainqueurs sous le ioug de ta
Ceux que Mars, & Bellonne animent à la guerre:
Ceux que Ceres destine au labeur de la terre:
Ceux que le Dieu du gain, à la mercy des eaux
Ensepulture vifs dans leurs fresles vaisseaux:
Le Dace belliqueux: le Gelon plus farouche
Que l'Ource auorte aux bords ou le Soleil se couche:
Les Libiens recuits: les Scithes passagers:
Les Parthes cauteleux: & les Gettes legers:
Redoutent le reuers de ta dextre puissante;
Et le tour incertain de ta Roue inconstante.
La force aux points d'acier accompagne tes pas;
Qui fait voir le pouuoir que tu as icy bas,
Au globe qu'elle porte en signe de conqueste;
Où est peinte l'horreur d'vne obscure tempeste:
D'airin est sa Cuirace; & son Casque profond;
Dont la pointe deualle au milieu de son front.
De grands clous acerez, & de forts gõds de cuiure,
Sa main gauche est garnie: & fiere se fait suiure
Par Saturne enchaisné; qui porte suspendu
Vn pot d'Argille cuitte emply de plomb fondu.

La foy marche à ton flãc, d'un voile blãc couuerte
L'esperance te suit sous vne robbe verte;
Les yeux doux & riants; le visage tout feinct;
Le chef couuert de fleurs; & l'entour du col ceinct
Des carcãs precieux; la bouche & les mains pleines
De propos abuseurs, & de promesses vaines.
Ces trois te font escorte; & d'elles sont cheris
Autant peuples que Rois, s'ils sont tes fauoris.
Mais si le plus illustre est atteint de ton ire,
Cette troupe les quitte, & quant & soy retire
Les subiects peu loyaux, & les amis bornez,
Qui n'aymẽt que l'honneur dõt les grãs sõt ornez.
Reçoy mes humbles vœux ô puissante deesse,
Si que ta faueur chere au besoin ne me laisse.
Ie n'aspire insolent aux pompeuses grandeurs
Ny au gouuernement de Roys ou d'Empereurs.
Mes desirs n'ont obiect que la plume & le liure;
Pour les labeurs d'Hercule, & de Iason poursuiure.
Ton œil soit mon sainct Herme, & mõ phare, & mõ
Et pour guider ma barque au salutaire port, (nord.
Fay qu'au milieu des flots, pour remarque asseuree,
Quelque ieune Triton sur sa teste azuree
Esleuant hors de l'onde vn gazon verdissant,
Tesmoigne que les Dieux vont mõ cours benissant:
Comme de leur faueur & de ton secours digne.
Lors pour iuste guerdon de ce bien fait insigne
Ie doreray ta roue; & le globe roullant
Que tes pieds immortels pour baze vont foullant

www.ingramcontent.com/pod-product-compliance
Ingram Content Group UK Ltd.
Pitfield, Milton Keynes, MK11 3LW, UK
UKHW021219230726
13926UKWH00003B/1128